不讓你孤獨

接住每一個孩子，
避免孤立與霸凌，培養正向的人際關係

曲智鑛 著

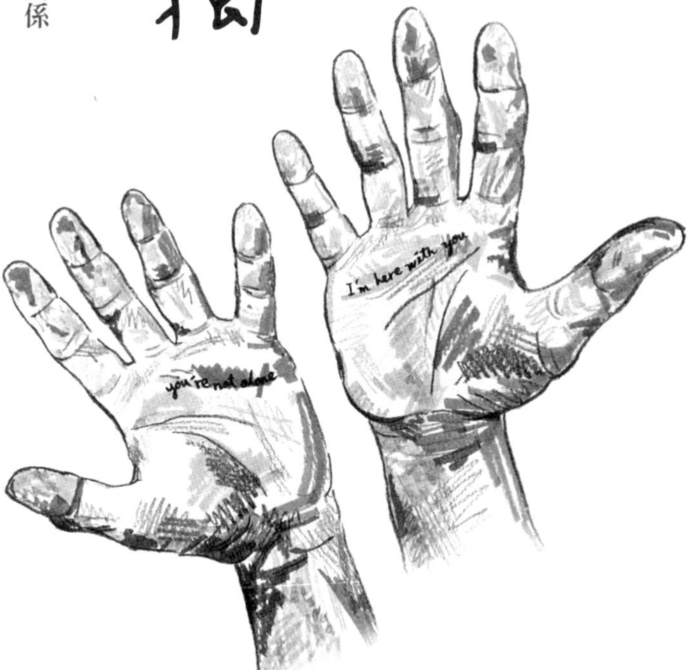

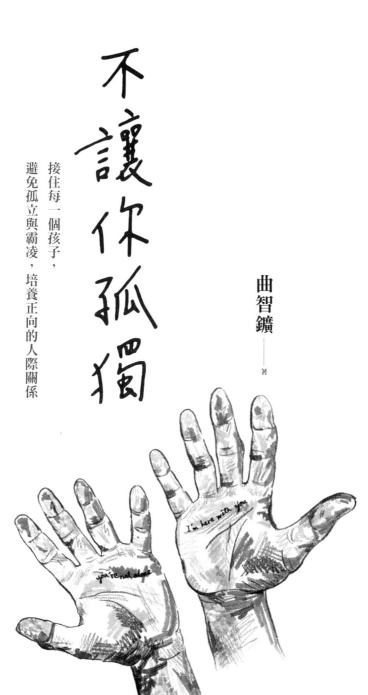

很高興又一次能先拜讀智鑛的新書，如他以往的書籍一樣，訊息量十分豐富。一位用生命與生活陪伴孩子的特教及諮商的專業人員，在書中用孩子的生活故事，細細分析孩子的困境，不只是陪伴了孩子，也同理安撫了孩子身邊的人，讓孩子及家庭不再孤獨。不只是對孩子提供療效，更多的是預防介入。謝謝智鑛跟我們分享了這麼多的故事。

宇寧身心診所醫師　吳佑佑

我的兒子包包是早產兒，成長過程中很幸運能與曲老師和登山團體結緣，豐富了他的學習之路。曲老師指出包包做為早產兒，會對安全感較為欠缺，在與人建立穩定關係上可能比較困難，需要在這部分多加關懷。曲老師對包包的陪伴和教導，我們銘感於心。如今，成長了的包包，可以在團體內分擔老師的工作，幫忙照顧小夥伴，這真是一件讓爸媽老師都深感欣慰的事情。

曲老師的《不讓你孤獨》是一門大人也該上的課，其中點出了孩子們可能會有的各種情緒障礙和關係困境，也提出了讓爸媽和老師可以實際執行的陪伴技巧，值得大家參考。

國立陽明交通大學特聘教授　林志潔

曲智鑛這本書對每個人際紛擾事件的發生，到尋找原由，到處理的建議都做了完善的分析處理。我覺得是親師親子教養的絕佳教科書。

書中除了給予行為分析與應對外，我們更能讀取曲老師對這些人際關係不佳的孤單孩子，用滿滿的愛陪伴孩子成長，並在過程中讓這些方法可以讓讀者掌握重點。

亞斯教母　花媽　卓惠珠

智鑛老師用心陪伴每個孩子，不藏私分享他與孩子們的互動經驗，生動的對話、分析孩子行為深層原因與老師面對肢體衝突的處理，加上觀察國內外重大事件犯罪事件主角缺憾，用易懂的案例提醒我們，無條件的愛與溫暖才是撐起孩子自信、能力與續航力的支柱

國泰金控投資長　程淑芬

曲老師的《不讓你孤獨》，對我是不分年齡、性別、職業都需要的自救與互救之書。尤其生活在「藥毒同體」的網路與AI時代下，如何包容他人、融入群體、同時又能建立起獨特的自己，此書，無疑是一本很好的修練之書。

當代藝術家　陳界仁

在少年涉法非行案件中，探究其背後因素，人際關係障礙幾乎是普遍存在的問題。智鑛老師先以淺顯易懂的方式簡介深奧的學術理論，再敘以具體處理問題技巧與重點。這對陪伴青少年成長之實務工作者，提供很好的思考引導及學習。

台灣新北地方法院少年保護官　許日誠

〈推薦專文〉

愛的恆溫，讓你我不再孤獨

王意中心理治療所所長／臨床心理師　王意中

在這個世界上，我們都是一個人。在夜深人靜時，我們得獨自面對自己，覺察自己，瞭解自己，與自己對話。逐漸的，接納自己的所有。無論限制與完美，脆弱或堅強。

然而，在這個世界上，我們卻也不是一個人。身旁有著許多關心我們的人。熟悉或陌生的人，一面之緣或萍水相逢。我們與周遭他人之間的一期一會，在在形成了自己與他人之間的關係。

對於有些特殊身心特質的孩子與大人們，他們看似喜歡孤獨的存在，沉浸在一個人的世界裡。

然而我們卻只看到行為的表象，忽略了在這孤獨底下，許多的生命正在訴說著他無奈的生命故事，以及無人知曉的劇情。

孤獨，孤單，寂寞，疏離，這些孩子與大人們期待被瞭解。然而與他人之間，卻有著一座巨石橫在中間。誰能瞭解我？誰願意瞭解我？誰願意走向我的內心世界？

對有些人來說，或許孤獨是一種享受。

然而孤獨的存在，對有些人卻很是無奈，無力，無助。

我們與這個世界有了距離，格格不入，如同平行時空，形單影隻在偌大的教室中，校園裡，生活中，社會上，獨自承受著那不為人知的苦楚。

說話不是孩子擅長的，我們不能期待每個孩子透過語言，來表達他強烈的內在需求與渴望。

不同的孩子們透過殊異的行為與情緒表現，明示著，暗示著，期待身旁的你我伸出援手，讓他們可以跳脫人際關係匱乏的巢臼與漩渦。

別再以為人際互動關係，對孩子來說是小事。

在大人眼中微不足道的事，對於許多兒童青少年往往是他生命中的大事。不被瞭解的兒少，隨著年齡逐漸的成長，更加深自己成為不被瞭解的大人。

對於生活中，不斷出現的社會事件、校園問題、身心障礙或精神疾病，以及特殊教育等議題，別再只是停留對於現象的批評，揶揄，嘲諷，指責，或是嗤之以鼻的抗拒。

試著讓我們開啟良善的心，願意瞭解的眼、耳，試著感受、觀察與聆聽這群兒少與成人們內心世界對於情感的需求、表達、關係的建立，是多麼的渴望，但卻又匱乏得令人挫折。

沒有人希望讓自己陷入如此的渾沌狀態。

許多孤獨的兒少與成人就在你我身旁，等待著我們閱讀他們的生命故事與內心世界。

我們與孤獨者之間有一道牆，與其期待他們、試著讓對方瞭解，倒不如讓我們主動接近會容易一些。

千萬別輕忽自己的關鍵影響力。

有時你我良善的眼神，想要瞭解的心，同理的語言，接納的身體、姿勢、動作等，將讓身旁的兒少與成人們不再孤單，不再孤獨。

閱讀曲智鑛老師的新作《不讓你孤獨》，文字中，在在點醒著我們別再只停留於事情的表象。而讓我們好好思索，為何這些生命會走到如此的境況？

書中的故事，很貼近你我的孩子、身旁的親戚、朋友或家人們。這些孤獨的生命故事，不時的在你我之間發生。似曾相識的經驗，讓人非常有共感。

人際關係與社會互動是一道複雜的生命課題。

對有些兒少或成人朋友來說，要修習這門必修學科很不容易。

但別再停留於不勝唏噓，想想我們能夠為他們做些什麼？別再讓他們痛苦的承受這份孤獨。

我們這一生，最後依然得認識、瞭解、面對眼前的自己，並學習如何與自己相處。但我們也將感受到這一路走來，身旁有著許許多多溫暖的陪伴與關心。

《不讓你孤獨》正傳遞著這份愛的恆溫，滋潤人心。

〈推薦專文〉

拯救那個孤獨的孩子

國小資深教師、閱讀推廣人、翻轉教育專欄作家　林怡辰

在小學教學現場二十年，一直記得有一年和前導師交接班級，班上一共有二十三個孩子，但卻有一個，前導師卻一直記不起來到底是誰。想了很久，模模糊糊，名字也不記得，教了兩年的孩子卻一點印象都沒有，最後還是看名單才知道的。

接任新班級之後，我好好奇，到底是怎麼樣的孩子會被教了兩年的老師遺忘，頑皮淘氣的孩子每天都被叫著名字，成績亮眼人緣好的，常常都被其他孩子提及。可這個孩子，就是安安靜靜，躲在角落，一言不發。很少聽見她說話，也很難得看她動口。下課的時候，就這樣自己坐在座位上，沒有什麼朋友，問起其他孩子，也

沒有什麼印象。

曲智鑛老師的《不讓你孤獨：接住每一個孩子，避免孤立與霸凌，培養正向的人際關係》雖然從最慘烈的角度切入，但實際上，每位家長和教師都需要來讀一讀這本書，因為這樣容易被忽視的孩子、在社交上出現障礙的孩子，身邊處處都有，拉他們一把、提升社交能力、交到朋友、有歸屬感，不再孤單，就可以改變生命的走向。

孩子到學校來，重要的不是學習就是交友。即便學習遇到困難挫折，但有知心好友，下課陪伴、傾聽心聲，即便是短短的下課十分鐘，都可以照亮上學時光。可如果學校成績低落，又交不到朋友，甚至被欺負、被霸凌，就開始社會退縮、拒學。漸漸的連家門、房門都不肯出門，因此繭居。

但在曲智鑛老師的書中：安靜而被忽略的小青、與同學互動尷尬的小安、因為資優反而交不到朋友的小樂、不知道自己到底想要學什麼的小智、在學校和線上做生意的小恬、保護過度欠缺生活經驗的小海、學習受挫缺乏被看見機會的小東、平時安靜不愛與人互動卻高度敏感的小義、與他人互動時常跳針情緒容易過度激動的小牧……不只只有理論方法，這十個個案，在閱讀過程中，有許多熟悉面孔，在我二十年的教學中漸漸浮現腦海，安靜被忽略、不懂社交技巧、因為被過度保護而自我中心、高度敏感、容易崩潰……這些孩子的案例，對家長、對老師，都是好重要的範例。尤其後面怎麼帶著孩子找尋不同方法、不同出路，也許不是標準答案，也許沒辦法一體適用，但光是看見案例，就有想像；知道案例的進步，就有希望；光是注意到案例，回到現實生活裡，師長就有敏感度……都是力量。

尤其手機網路出現之後，這樣的孩子多了起來，和家長吃飯人手一機，本來社交機會就少的孩子，如果家長再用手機平板餵養，更被剝奪學習人際互動的機會。誠如智鏞老師所說：「我們的世界已經不是以前的世界，我們的生活也不是以前的生活。世界的改變，生活樣態的改變，也讓人類的行為跟著改變。」在這樣的改變中，對所有人都是挑戰，我好欣賞智鏞老師的成長性思維：「這本書不是要告訴大家我有多麼會處理人際關係，我有多麼厲害的社會技巧。但我在乎身邊的人，希望能和他人建立和諧穩定的關係，我也能明確感受的這些關係對自己生活品質的影響，所以我願意花時間學習，在與他人每一次的互動中練習。沒有人是完美的，成長型的思維讓我知道，只要我在意，我想要變好，願意持續努力學習和練習，就有機會持續進步與突破。」

回到文首的那個女孩，當我成為導師之後，我用了蘇明進老師的善行信箱，讓小女孩獲得其他孩子的關注，看見她的優點；在綜合課課堂教到了怎麼和人互動、聊天；安排適合的同學協助陪伴她；建立與她的長期信任關係，彼此利用心情小語和小日記溝通。在人群中，越來越可以看見她的笑容和聲音，也找到她喜歡畫漫畫的優點，找到大家對她的印象，她的名字也不再被遺忘。

雖然我身在體制內，可體制外老師曲智鑛的書常在案頭，每次總能在書中看見不同的角度、實際的作法，還有實際陪伴的具體作法，鼓勵著我，在每個辛苦的時刻，依舊帶一點微光給孩子，撐起他們依舊有溫柔和愛，呵護他們希望和日常每一天的快樂。本書從心理學、教育學與人類發展來探究人際關係，曲智鑛老師長期與處於人際關係困境的孩子相處，從經驗中提出親師可以陪伴他們練習好社會互動技巧的策略和各種狀況的因應之道，珍貴好書，推薦給您！

〈推薦專文〉

陪伴與理解，不再讓孩子孤單

米露谷心理治療體系策略長　陳品皓

我認識曲智鑛老師多年，彼此都在兒童青少年的心理健康領域長期服務，也因為外型「相似」的關係，偶爾會被錯認。曲老師一直是我心目中最具備行動力與執行力的專業模範，他長期身體力行的將教育理念與熱忱，親身實踐在辦學與陪伴孩子的成長活動中。我由衷的敬佩，也慶幸在這個領域裡，能有曲老師的存在。因為很多知識和成長，必須透過實際參與的經驗才能獲得，而曲老師就是搭起這座橋梁的人。

說到孩子們，我們米露谷團隊多年的臨床觀察下來，發現越來越多拒（懼）學的孩子，背後都有非常錯綜複雜的各種原因，不過先不論這些原因為何，最終我們都發現貫穿核心的一條主軸：「人際關係」。

我們都知道「人際關係」是很重要的一件事，對孩子來說，一旦在生活中面臨人際關係的挑戰，這就會成為他生命中無法迴避，又非常在意的大事件。如果沒有處理完善，造成了心理的陰影，通常也會影響未來數十年的生涯發展。因此，怎麼陪伴孩子面對他自己的「人際關係」；包含如何面對關係中的挫折、衍生的情緒、甚至是對他人或自己偏頗的誤解，往往也是我們團隊在服務中非常重要的一環專業，當這些部分有機會在諮商中經由一段釐清、統整、回顧與重新發現的過程後，大部分的孩子也能慢慢從其中找到了對自己適當的定位，以及合宜的自我價值。

然而，在與孩子合作的過程中，最挑戰的地方莫過於每個孩子都是獨一無二的，性格不同、特質不同、生命經驗不同、家庭功能不同、思考與在意的點也不同。因此當我們在諮商時，怎麼貼近孩子的生命視角，理解事件的完整脈絡，以及這些林林總總的經驗和孩子之間相互的牽連與拉扯，都成為一位助人者核心的專業素養。這些都非常需要精準且適宜的心理學背景作為基礎，提供助人者完整的視野進入孩子的世界。

當我看到曲老師的最新大作：《不讓你孤獨》時，我發現他將發展心理學關鍵理論重點，以及具體案例做了良好的整合。在清晰的架構下，結合曲老師多年來大量與孩子們互動與服務的實務經驗，直接以我們都能感同身受的故事作為說明，帶著讀者一步一步找到理解孩子、貼近孩子以及引導孩子的獨特心法。在閱讀曲老師著作的過程中，我們不僅精準又具體的掌握了理解孩子的面向，並在實際的故事中，厚實了對孩子立體而深刻的認識。

我在閱讀書中每一則孤獨孩子的故事時，不斷想起許多我曾一起合作過孩子的影子。這些我服務過的孩子，有些很久前就因為各式各樣的原因離開了諮商，但他們每一個人的身影和臉孔，始終停留在我的腦海裡。而在曲老師所分享的故事與例子中，則是為我們點出了身為家人或是陪伴者，可以在生活中一起前進的方向。

「不讓你孤獨」，是我們陪伴孩子的初衷，也是我們希望孩子擁有的能力，而這些都將在曲老師的書中，以其豐富的經驗和深入的見解中，為我們導引出理解的方向。由衷的推薦給每一位朋友們。

〈推薦專文〉

讓孩子不再成為社交孤島

魏大千律師事務所主持律師
教育部校園霸凌事件審議小組委員
魏大千

一收到本書書稿，書名就非常吸引我，標題寫著《不讓你孤獨》。其實每個小孩子在童年求學時光，朋友及同儕的陪伴與影響力，往往更勝於家庭父母及手足，而且依照現行的學制，孩子在校及補習班安親班等等的時間，也幾乎都凌駕於家庭之上。是以，如何讓孩子們心靈充實，而不感受到孤獨，這已經是支持孩子們前進的動力，更是教育現場的重要課題，而這個課題不單單是家長們要學習，在教育現場的老師們或是一般教育工作者也都需要去學習。因為人終究是群體的生物，尤其是孩子，更需要陪伴。孤獨會引起空虛的感覺，空虛感一旦產生，本能上就會不斷嘗試尋找替代方案填補，一旦仍未獲滿足，便會更加瘋狂地追求更多替代方案。如壓抑過久，終將可能引爆社會問題。以上這些都是一般孩子們面對孤獨感有可能產生的結果，但我們可以進一步思考，如果今天具有特殊性的孩子身上也產生孤獨感呢？家長或老師們可能因為這些孩子們的表達不夠完整或甚至難以表達自己的感受，而忽略了這些孤獨，這個問題是否應更加仔細審思。

光頭老師曲智鑛於書中列舉台灣社會上近年來二十多起隨機傷害或殺人案件，仔細分析後，這些人除了是社會上的社交孤島，伴有焦慮、憂鬱，更有常患吸毒與精神疾病等綜合成因。這些人一開始往往都是與你我相同的，只是孤獨走進了他們生命中，不論是自願或是非自願的，最終引起這些社會事件。光頭老師曲智鑛在書中講述了孤獨一號到孤獨十號的故事，這些孤獨者的成因都不一樣，有些人是因為資優兒早熟，有些人是因為容易情緒激動、慢慢地被迫孤立而最終成為孤獨者。光頭老師曲智鑛很貼心地，針對這些孤獨者給了很多便利貼，而這些便利貼針對家長與老師及輔導者的屬性不同，而有不同的建議及方法，以讓面對這些顯性或是隱性的孤獨者的家長與老師及輔導者們不僅知道如何卸下這些孩子們的心防，更讓家長與老師及輔導者們可以利用這些便利貼讓這些孤獨者不再孤單。

《不讓你孤獨》一書的副標題寫著「接住每一個孩子，避免孤立與霸凌，培養正向的人際關係」更是深深地打動著每一個家長、老師及輔導者，這也是整個社會的期許。書中的第三部分是「練，大家一起學：處人、處己、處社會」更加凸顯出《不讓你孤獨》這本書，不是單純的記錄下這些孤獨者的故事而已，他更提出一些訓練的技巧，讓家長、老師、輔導者及讀者們可以從中思考、理解及運用。

這一部分，讓這本書的層次提高了一個層次，讓「不讓你孤獨」不單是一個口號而已。所以我衷心的推薦這一本書，它讓這個社會可以充滿溫暖，讓大家可以有效的讓這些孤獨者不再成為社交孤島，而努力接住每一個小孩，讓社會多一點溫暖，少一些人際關係的疏離。相信這本書會提供家長、老師、輔導者及讀者們跟以往不同的感受與面向，配上光頭老師曲智鑛那溫暖而充滿人性的筆觸及敘述，使得這本書更加有收藏的價值。在此衷心的推薦大家可以細細品嘗這本《不讓你孤獨》。

第二部

看，他們的摸索

第三部

練，大家一起學：處人、處己、處環境

｜作品名稱｜《在沒有世界的世界中》　作者：陳界仁　2022，85×150cm，典藏級黑白相紙

｜作品說明｜雨夜，途經一片荒地，遠遠看到有個人一動也不動的任憑雨水淋濕全身。
這不禁讓我感覺這個人，既像是孤獨的「一」，也像是折射當代人處境的「多」。
他／她是我們，我們也是他／她。

〈前言〉

獨一無二，但不孤獨

開學了，對很多家長來說應該是鬆了一口氣，但我卻十分擔心，擔心孩子們的適應狀況，擔心有非預期的事情發生。

備課週期間，我每天去不同學校和老師們分享，雖然多半談的是特殊教育，但每一場分享我都會空出一點時間談談撰寫這本書時的感觸。在整理書稿時，腦海中一直有很強烈的聲音在呼求，只要有機會就要提醒老師和家長們。

綜觀過去的隨機傷人／殺人等濫殺的社會案件，加害人的行為多半都有跡可循。很多人以為他們的共通點是精神疾病，其實不然，這些行為人多半都有社會性互動溝通困難，在成長的過程中曾遭遇環境的孤立，簡單來說，就是存在人際關係障礙。

從心理學的角度來看，許多這樣的個案從小的依附關係就沒有建立好，這些內在的不穩定讓他在面對群體時比較容易退縮。

羅馬絕對不是一天造成的，無論是爸媽或是老師，都有機會拉這樣的孩子一把。想一想，我們身邊有多少在群體中默默無聲，安靜到我們可能一整天都會不自覺忽略他的孩子？日常生活中，我們有多少機會和孩子好好說說話？

群體的歸屬感

在這個世界上要獨自一人生活並不容易，即便是處於獨居的狀態，生活當中的大小事多半也仰賴群體社會的協作。從小到大，我們每個人都會置身在大大小小的不同團體之中，與他人的互動是避免不了的，社會性互動能力可以說是基本的生存技能。

每個人天生有著不同的氣質、性格，加上後天環境的形塑，也造就出每個人獨一無二的風格，當這麼不一樣的人聚在一起，很容易就在一個大群中出現若干的小群體，可能是臭味相投的人會聚在一起，可能是有共同目標的人會一起努力，也可能是擁有共同興趣愛好的人組成次團體，成群也是人類的天性，這些連結或相互需要成為人在群體中歸屬感的來源。

不過，我們也知道，在成長過程中，不同的群體之中，並不是所有人都能找到夥伴。有些人主觀上覺得自己和他人格格不入，有的人則是被動的被排除於群體之外，這些所謂的邊緣人存在於每個不同的群體。

你有成為邊緣人的經驗嗎？對於大多數人而言，這種狀態一定很不好過！因為大多數的人都渴望被認可，被他人接納，與他人建立連結。被群體排除的人，被他人孤立的人，多半是感到孤獨的。

家庭是每個人學習與他人互動的起點，幼兒時期的依附關係影響著我們的安全感與對他人的信任感，班級、學校則是我們練習社會化的第一個場域，師長、同學是我們練習社交的重要對象。在教育現場的輔導經驗讓我清楚知道，影響一個孩子**學習適應與人格發展的重要因素就是人際關係**。絕大多數的孩子去學校學習最大的動力就是同儕和友誼，但很可惜的，並不是所有小孩都那麼幸運，能夠靠自己建立穩定的互動關係。而當一個孩子人際關係受阻、受挫，學習表現受影響，學習的動力衰退，都是自然的現象。

如果運氣再差一點，在學校環境遭遇霸凌，通常就更辛苦了，孩子不僅可能拒學，嚴重一些的，身心狀態都可能出狀況。當然，這樣的孩子若沒有得到好的支持，整體發展就會受阻，產生的影響絕對超乎我們的想像。

沉默的憤怒

二〇〇七年四月十六日美國維吉尼亞理工大學發生史上最嚴重的校園槍擊事件，韓裔美國人趙承熙先是在宿舍槍殺二名同學後，又跑到教學樓殺害三十人後自殺。

事件發生後，各界紛紛企圖拼湊出他的犯案動機，美國國家廣播公司董事長決定只播出趙承熙寄來的二十五分鐘影片內的二分鐘片段、四十三張照片中的七張，以及二十三頁手稿內的三十七個句子，其他內容則因超出極限的褻瀆和不可思議的暴力等兩個原因，決定不對外公布。

許多媒體也開始爭相報導，訪談過往與他互動過的親人和同學，從過往的資料可知：趙承熙不善於溝通，這讓他們很沮喪，也很擔心。過去這些年來，趙承熙很少和家人講話，也避免眼神接觸……如果家裡有訪客，他必須講點話時，就會手心冒汗、臉色發白、全身僵硬，有時候還會哭出來，通常他只會點頭說是或不是。

趙承熙的姐姐很努力想幫他適應環境，她會和他說話，鼓勵他打開心房。父母也鼓勵他要參加活動與各項運動，因為他們擔心他把自己孤立起來，會很寂寞。

身旁的人經常問趙承熙「為什麼不說話？」據說他對這種壓力很不滿。而他的爸爸本身也比較安靜，能接受兒子的內向與畏縮性格。根據一份紀錄顯示，趙承熙的爸爸從來不讚美兒子，而在趙承熙書寫的一份文件中談到父子關係時，提到的父親角色總是負面的。

趙承熙回家也從來不談學校，分享得很少。他的母親與姐姐會問他學校發生的事，想了解他在學校是否遭到霸凌。因為姐姐知道，在學校走廊上有幾個學生會大聲辱罵他。

趙承熙的中學同學表示，當年趙承熙曾在學校遭到同學霸凌，同學嘲笑他的羞澀內向和怪異的說話方式。同學回憶說：「趙承熙幾乎不開口說話，即使別人有意跟他聊天，他也不常回應。」他還提到：「有一堂英文課，老師要求學生大聲朗讀課文，輪到趙承熙的時候，他眼睛看著地面默默不語。老師威脅說要當掉他之後，趙承熙才以怪異、低沉的聲音唸起課文，那個聲音聽起來就像他嘴裡含著東西一樣，他一開始唸，全班就哄堂大笑。」

趙承熙另一名高中同學表示：「高中時沒見過有人找趙的麻煩，但一名曾和他一起念國中的朋友說過，趙承熙在國中時，曾在校園中被霸凌欺負，有人對他真的很壞，推倒他、嘲笑他。」

由於社會性互動與溝通能力不佳，高中老師曾經建議他就近入學，但趙承熙自己堅持要去就讀距離較遠的維吉尼亞理工大學。

大學時期和他一起上課的教授和同學都說他令人恐懼，和教授單獨談話時，他也嚴實地戴著帽子，太陽眼鏡也不摘下來，上課時坐在門邊，一下課就走掉。在宿舍和室友都甚少說話的趙承熙可謂是校園獨行者（loner），他的生活幾乎完全與世隔絕。

我想再多的描述都不能合理化趙承熙的行為。但我要說的不是因果關係，不是具有社會性互動溝通困難就會隨機傷人或殺人，不是被孤立被霸凌就會用極端的手段報復。

我想強調的是，**這些情況都有跡可循**，這樣特質的孩子就在你我身邊，如果我們已經知道，還能視而不見嗎？就像我在本書中特別提到許多危及社會安全的案例，他們在成長過程中多半都是那個在群體中孤獨的孩子。希望這本書能讓更多人有意識的關注，能盡力幫助群體之中正在經歷孤獨之苦的生命，讓他們知道自己並不孤單。

第一部

人，群居的動物

從出生以來，絕大多數的人都生活在人群之中，在一點能力都沒有的時候，倚靠著身邊的大人活著，所有最基本的生理需求都需要靠別人的幫忙來滿足，我們唯一能做的就是求助，用盡全力地哭喊與等待。

與他人連結最原始的動力就是讓生命得以延續，生活在群體之中也就成為人最初始的設定。

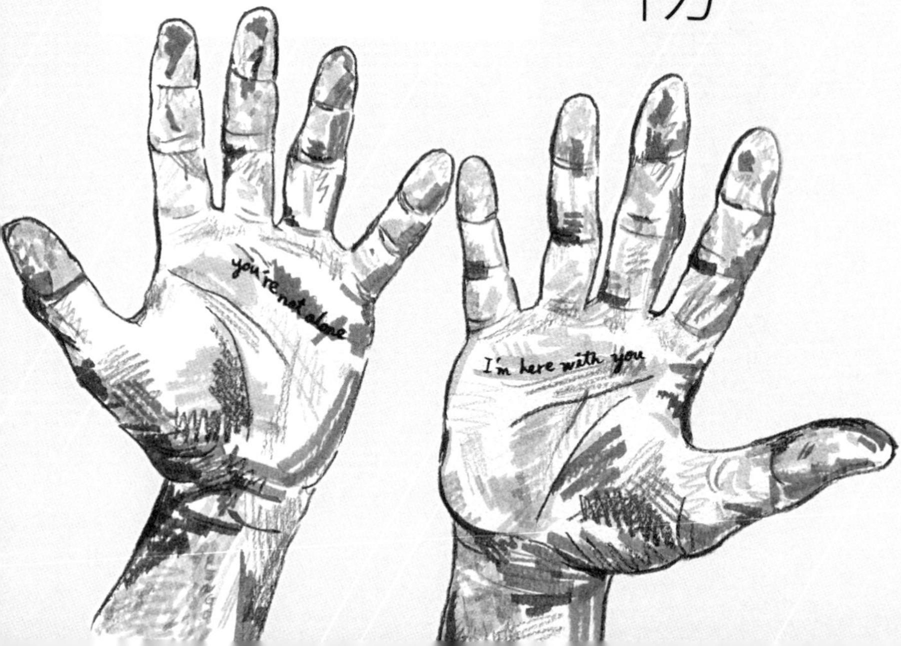

01

駭人的社會現象背後

從小到大，我們會經歷大大小小的團體，無論是家庭、家族、學校或社會，與這些不同關係群體中的人相處，仰賴人際互動的能力。相較於血緣親情的密不可分，面對一般的社會性互動更是現實與挑戰，對於大多數人而言，與人相處的能力不用刻意學習，會在成長過程中自然而然的習得。生活的理想狀態是從小就擁有健全的家庭，求學過程中在學校有好的人際關係，家庭給人的安全感，學校給人的歸屬感，這些人與人的連結會產生一種穩定的力量，即便生活中遭遇不預期的困難與挫折，也不至於讓人生失去平衡。

▼隨機傷人事件的社會意義

臺灣自二〇〇九年以來發生二十多起隨機傷/殺人案件(部分請參見下頁列表),而二〇二〇年就有六起隨機傷人殺人事件,包括:三月十二日,李姓男子持水果刀到超商,趁店員補貨從後方猛刺;三月十三日,王姓男子與妻子爭吵後隨機刺殺路邊的林男;三月二十八日,桃園林姓男子在上班途中突然遭到蘇姓男子持刀刺入心臟死亡;四月十一日,于姓房仲無預警從背後刺殺林姓計程車司機;四月十七日,闞姓男子隨機尾隨一對夫妻,砍傷男子下巴及雙手;四月二十一日,鄭姓男子與女友在夜市攤位前被孫姓男子持刀猛刺……。這些隨機殺人/傷人案件中的加害人多半對自身境遇不滿,進而遷怒整個社會。

日本曾針對無差別隨機殺/砍人者進行人格分析與研究,發現加害人通常有以下六大特徵:男性、年紀介於二十到四十歲、社交孤立的繭居族、易感到挫折、憂鬱、焦慮、吸毒或患有精神疾病、遇到問題傾向歸因於外在,像是「你讓我難過,我也不會讓你好過」。這顯示社會性互動是其中一項重要的指標。綜觀臺灣社會過去

時間	事件過程
二〇〇九年三月	黃富康在看了敍述「殺人可轉運」的日本漫畫後，砍殺房東一家，造成一死二傷。
二〇〇九年五月	黃信菖在公園以美工刀劃傷一名婦人頸部。
二〇一二年四月	邱志明吸食強力膠後，拿菜刀當街隨機砍殺婦人。
二〇一二年十二月	曾文欽在遊樂場廁所將十歲男童割喉致死。
二〇一三年三月	涂嘉文隨機砍殺路人，造成一死一傷。
二〇一四年五月	鄭捷在北捷車廂內持刀砍殺乘客，造成四死二十二人輕重傷。
二〇一五年五月	龔重安闖入國小，割喉殺害了一名小二女童。
二〇一五年七月	郭彥君在北捷中山站持刀砍傷四人。
二〇一五年七月	十五歲國中生持菜刀沿街砍人，共一男一女受傷。
二〇一六年三月	王景玉在內湖持刀將三歲女童割喉致死。

十多年二十多起的隨機傷人與殺人案件，我們很難想像，為什麼他們會對其他人做出如此殘忍的行為，不過這些讓整個社會不安的加害人多半並非所謂的精神疾病患者，他們大多具有社會性互動的困難和人際關係障礙，在生命當中缺乏與人穩定的

互動和連結，內在的不安全感與缺乏歸屬感，讓他們在遭遇重大打擊時，缺乏依靠的支持性力量。

換句話說，如果一個孩子在成長過程中缺乏家人的關愛與支持，就學期間的人際關係一塌糊塗，不僅沒有朋友，甚至還被同儕欺負霸凌，長期與人相處的挫折對人格的養成是多大的挑戰？「人」在他心中會是什麼樣的存在？如果在群體中他的心理狀態是恐懼、擔憂，需要無時無刻保持警覺保護自己，那麼他們對於「人」的疏離與心懷敵意就不難理解了。

無論是孩子因其特質造成的人際互動困難，或者是成長過程中遭遇不友善的互動經驗，這些都是值得我們每個人關心與努力的方向，不要覺得與自己無關，沒有人會知道自己將和鄭捷在同一節捷運車廂內，沒有人會知道自己就和王景玉站在同一個十字路口，這些無辜的受害者只是承擔了我們可能承擔的後果而已。

我相信，沒有人想看到悲劇再次重演，只要有人願意給這些孩子機會，在我們能力範圍內伸出援手，很多故事就會被改寫。

▼社會性互動困難的背後成因

對於前述各種隨機殺人／傷人事件，臺大法律系教授李茂生曾呼籲要花心力研究事件發生背後的社會成因，了解加害人的背景與其背後的社會因素才有機會預防未來相似事件發生。若從加害人的背景來看，上述這些案件的加害人並非都有精神疾病，但從他們的成長經驗可知他們多半具有社會性互動困難。這些人隱身在人群中，很多人在求學階段就經常遭受挫敗，不僅是學習上的失敗，還有人際關係的失敗。

學校只要人一多就容易流於班級管理思維，個體就容易淹沒在群體中，要怎樣讓每一個人在一群人之間都能被看見呢？我認為需要加強學校初級的輔導制度，讓老師有意識的關心班級內每一位學生，學校中的每一個孩子都有機會接受老師個別的關心，一對一的和老師說說話，這樣的機制應該受到重視。不然那些安靜、不需要老師操心的孩子，很容易在群體中被忽略。

另外，精神醫學專家斯圖爾特．布朗博士（Dr. Stuart Brown）在研究許多犯下重大罪行的連續殺人犯時發現，這些殺人犯雖然家庭背景與社經地位不一，但是在幼年時期都沒有機會與同儕一起遊戲。這些缺乏遊戲經驗的孩子無法建立與其他社會個體有效的溝通方式，也未曾因在不具惡意的打鬧中受到傷害（或是讓對方受傷）而發展出同理心。

因此，這些人長大後無法與外界有效溝通，長期面對無法被理解、自己也缺乏理解他人的能力，會產生孤獨感，同時傾向於建構自己的安全世界。當他們離開家庭進入社會化情境時，情感面的不成熟造成人際互動的困難，久而久之，自己所建構的世界被外界的刺激衝擊，平衡終究會崩毀，對於自我和外界失去信心，挫折與痛苦無處發洩，就容易將自身的挫敗遷怒於他人，造成毀滅性的傷害。

曲老師路上觀察筆記

從許多實證資料和實際案例中，不斷看見家庭教育對孩子影響甚鉅，爸爸媽媽的教養態度與方法形塑孩子的性格和習慣。過去常常不忍苛責父母，但近年來感受愈來愈深刻，很多爸媽難辭其咎，很多時候孩子的問題真的是怪不了別人。

曾經，無意間在公共場合看見一對父母請孩子幫他們拍合照，感覺孩子應該是小學中低年級，很認真的蹲著拿手機對準父母親。

大約過了一兩分鐘，爸媽走過去檢查照片，媽媽劈頭就用很不耐煩的口氣說：「啊，你怎麼沒拍……」

媽媽的怨氣很明顯，爸爸則不發一語，感覺像是擔心掃到颱風尾似的。

我還沒等媽媽說下一句話，就走過去跟她說：「來，我來幫你們三個拍。」

我心裡想：「希望這個孩子能好過一些。」

過沒幾分鐘，又看到另外一個家庭。

一個應該還沒上小一的孩子走得比較靠近路邊，爸爸立刻很生氣的說：「你在搞什麼！你不知道這樣很危險嗎？」

我心裡想：「他這個年紀不知道應該很正常啊！」

媽媽接著走過去再次數落這個小孩，孩子開始邊哭邊說著：「這樣很危險！這樣很危險！我知道……我知道……」

我心裡想：「這個孩子再這樣下去會生病！」

大人很容易無意識的以愛之名而對孩子植入各種不健康的心理壓力，這些毒素會在孩子心中慢慢滋養蔓延。

02

宅、拒學和懼學的孩子們

近年來在教育現場有愈來愈多孩子出現拒學和懼學的問題。不僅如此，新聞媒體多次報導繭居的生活樣態，而這些人的共通點都是社會性退縮（social withdrawal），沒動力、不願意、沒能力和外界互動交流，無論是個人因素還是環境因素造就這樣的生活樣態，這些宅在家一天到晚都不出門的群體對整個社會產生的影響仍值得重視，為什麼選擇這樣生活的人愈來愈多？這樣的現象又會帶來什麼樣的隱憂呢？

▼愈來愈嚴重的繭居族現象

日本內閣府二〇二三年三月最新公布的調查提到，全日本十五歲至六十四歲生產力族群中，有約一百四十六萬人選擇家裡蹲。這是日本官方首次比較正式調查「蟄居族」（ひきこもり，hikikomori）現象，不過實際數據應該更高。

一九九二年美國趨勢預言家費絲．波普康（Faith Popcorn）在她的著作《爆米花報告》（*The Popcorn Report*）首先提出cocooning一詞，用以形容隱蔽一族，繭居族一詞就是由英文cocooning翻譯過來的。而日本ひきこもり是由引き（hiki）和籠る（komoru）兩部分組成，字面解釋分別為「退隱、抽離」和「隱蔽、社會退縮」。

ひきこもり是指某些人長期待在家中或房間，不上學、不工作，也不參與社會，發生族群從青少年到年長者都有。這些人又叫蟄居者、繭居族、隱蔽人士、關門族或家裡蹲。日本衛生部界定與外界隔離超過半年以上者可視為蟄居族。

蟄居族跟和前幾年常聽到的尼特族（NEET）不同。尼特族只是拒絕工作，平時仍會出門，蟄居族則是一種更為封閉的狀態，打從心裡抗拒人群，完全逃離社會。

面對繭居族現象，日本政府主動推廣相關資源，市政府會向市民介紹有哪些制度，把「自立諮詢支援窗口」設在「市民生活諮詢課」，主動向市民介紹各種可以申請的社會福利，呼籲生活陷入困境的民眾積極利用。從諮詢日常生活的煩惱開始，讓民眾感覺跟支援人員聊聊也不錯，漸漸地就有機會談到繭居困境。日本各地的支援單位都表示會協助個案的日常生活，例如提供餐食、利用地方政府的社福制度提供貸款等，是和繭居狀態者建立信賴關係的第一步。有些地方則是根據〈生活貧困者自立支援法〉提供家計諮詢，支援人員不一定都要以協助走出繭居困境為優先目標，而是幫助受助者重新審視家庭支出，輔導對方維持生活上的收支平衡。

民間的扶助單位也發展出陪跑型支持模式。陪跑型的支持模式會先從繭居狀態者的興趣、專長，甚至是喜歡的食物著手，這樣的方式是從小處著手，先充分蒐集協助對象的資訊，才能提供合適的服務。再者，透過家訪觀察，發現繭居者的才能，試著從微小的改變開始，讓繭居者找到自己喜歡做的事。

日本的經驗提醒我們，對處於繭居狀態的人而言，以走出繭居狀態當作目標真的太困難了，許多家屬都表示這樣的介入會遭到繭居狀態家人的反抗，讓彼此關係惡化，更加把自己鎖在房間裡。時間一久，這樣的家庭就容易放棄。臺灣政府也應該針對這樣的群體進行系統性調查並研擬支持計畫，因為這是社會安全網的問題。

▼日本隨機殺人者的人際困境

還記得二〇一九年五月日本神奈川縣的隨機殺人事件嗎？當時有一名雙手持刀的五十多歲男子，攻擊正在神奈川縣川崎市多摩區登戶站附近等校車的小學生，導致一名小學六年級的女孩和另一名送小孩上學的男子死亡，傷者人數多達十八人。

這起事件發生四天後，住在東京都的四十多歲男子抱怨附近小學運動會很吵，在家中大吵大鬧，他七十多歲的父親因而持菜刀攻擊他，送醫後確認死亡。老父親在接受偵訊時表示，兒子曾經對家人施暴，又和川崎市隨機殺人事件的加害人一樣有繭居傾向，他擔心兒子鑄下相同大錯，才痛下毒手。

媒體報導中，兩起事件的主角狀態都近乎繭居，引發日本社會大眾熱議。雖然繭居和隨機殺人事件並沒有直接關係，隨機殺人事件的起因無法輕易歸結於單一因素，但蟄居代表的是人際關係的困境讓當事人和社會脫節，一旦遇到刺激與衝突時，容易出現過度激動的反應和行為。簡單來說，平時缺乏與他人互動的經驗，欠缺同理他人能力的練習，若是再加上情緒調節的障礙，無法排解自身的壓力，身邊的支持系統也無法發揮作用，那麼憾事就有可能發生。

長期缺乏與他人互動，容易讓人與社會脫節，這些個案的問題通常不會是在出社會後才顯現，多半在求學時期就有徵兆。無論是在學校獨來獨往，抑或是經歷挫折打擊後拒學，一旦孩子在求學階段出現這些問題，就是值得注意的警訊。忽略孩子重要的核心困難，往往只是延緩問題的發生。

▼他們為什麼拒學？

細數這些年來和拒學生的相處，案例故事真的短時間內說不完。但就我所觀察整理，常見拒學的成因主要是本身特質加上後天環境的影響，這類學生通常具有高敏感的特質、人際互動上的挑戰或是長期在學習上受挫。試想，如果一個孩子在學校交不到朋友，成績也一塌糊塗，加上沒有足夠的支持和協助，那他怎麼會想去學校？每天踏進校園就只是在承認自己是一個失敗者而已。

拒學也是有階段性的，有些孩子剛開始只是逃避某些課程，只在有某些課程時逃離。一開始最常見的表現是早上開始賴床，不想起床，上課前拖拖拉拉的，上課遲到，或者到校後不願意進班。在這個階段，大人經常會把孩子逃避的行為簡單歸因於偷懶、懶惰，而忽略孩子逃避去學校的原因。比較傳統的父母親甚至會用權威、高壓的方式強迫孩子去學校。

如果孩子是在學校全面性的挫敗，學習成績低落、交不到朋友，甚至被同學欺負，就會每天都不想去學校，這就是所謂的社會退縮。一開始只是不願意去學校，接著不願意出家門，再嚴重一些，可能就是不願意踏出房門，選擇把自己封閉起來。

幫助懼學和拒學的孩子

這些年來拒學的孩子愈來愈多。我們都知道，在求學過程中最重要的兩件事，一個是學習，另一個是交朋友，有些拒學的孩子在學習上長期受挫，在學校環境中得不到一點點的成就感，若再加上缺乏人際關係互動，那麼學校對他來說就一點吸引力都沒有。

拒學的孩子多半屬於高敏感，對於環境的刺激感受特別強，像是老師說話的音量、班上同學互動的方式，有孩子曾經告訴我，他不願意去學校的原因是「老師太兇了！」也有孩子覺得班上整天鬧哄哄的，讓他一進班級就很不舒服。

除了環境因素，許多拒學的孩子存在社會性互動與溝通的困難。對他們來說，面對人群是非常有壓力的一件事。除此之外，環境中的重大打擊也很有可能造成孩子拒學。

有一年，一個孩子和我分享他在大隊接力時不小心掉棒後輸掉比賽，面對全班同學的責難讓他崩潰，不敢也不願意再去學校，即便後來入校也都不願意進班。當然，有些孩子因為缺乏社會技巧，在班上很容易被孤立，下課沒有人跟他玩，上課分組也找不到夥伴，在這樣的學習環境無法建立歸屬感，長期下來容易產生孤獨感。只有推力沒有拉力的環境，孩子就容易變得退縮。

當然，不可否認的，霸凌也是在第一線輔導工作常見孩子拒學的原因，待在不友善的群體中，對許多缺乏社會性互動溝通能力的孩子來說根本就是酷刑，他們真的毫無招架之力，只能任人擺佈，無法回擊。如果身邊的大人在這個過程中都沒有發現異狀，累積一段時間後，孩子必定會出現身心問題。這樣的孩子不要說拒學，他很容易就會對人失去信任，內在的安全感被破壞，出現嚴重的社會性退縮表現。

就像先前提到的，這樣的成長經驗會對一個孩子的人格產生嚴重的負面影響，如果沒有好好陪伴與修復，他對於「人」會抱持什麼樣的概念？當再度遭遇刺激或挫折時，我們很難想像他會用什麼樣的方式去因應。

拒學生的醫療需求

更嚴重的拒學個案通常伴隨精神方面的問題，對於醫療的需求更為強烈，臺灣有兩間醫療機構提供拒學生的支持方案，一個是臺北榮總的向日葵學園，另一個是松德醫院的又一村。北榮的向日葵支持的拒學生多半學習表現中等，除了治療，他們也會提供拒學生學習上的輔導。又一村的個案通常障礙程度較重，雖然都是醫療單位，但兩個環境的屬性非常不同。

醫院的專業是「治療」，通常會選擇和醫院合作的個案都有非常明確的醫療需求。很多拒學的個案，因為本身的特質和環境的刺激而產生所謂焦慮、憂鬱、躁鬱或是思覺失調的精神問題。臺灣在二〇一四年實驗教育三法通過後，學習的選擇變得更多元。早期我在輔導拒學生時，心中的目標是如何讓拒學生回到學校，但這幾年我在想的，是如何讓孩子重拾學習的動力，找回自己生命的熱情。因為在這個時代，學習不一定在學校，在學校也未必會學習。

對於陪伴拒學生，我最深刻的體會是放下！身邊的大人應該放下那些不切實際的期待，把學習和生命的主導性交還給孩子，有時候跌倒了，不用立刻爬起來，可以在地上坐一下。很多拒學生只是累了，需要喘口氣，有一些他們努力逃離的環境是真的很糟糕。拒學生不是懶惰，他們是缺乏後天的支持習得無助。要扭轉這樣的內在信念需要刻意創造成功的經驗，讓他們重新認識自己，賞識自己。

▼隔離是為了更好的融合

如果孩子因為情緒調節能力和社會技巧不足，無法適應既有的教育環境而選擇個人自學，成長過程中過度缺乏練習與他人相處的機會，那長大後會是什麼樣子？這群人未來仍必須融入這個社會，或者換句話說，他們根本就一直存在，只是暫時隱身了，如果沒有積極的協助他們，問題只是延緩發生罷了。

我提出「隔離是為了更好的融合」的觀點，因為對有些孩子而言，暫時抽離有其必要性，但大人不能因此就對他們的核心需求置之不理。近幾年有愈來愈多個人自學的孩子加入我的團體，我相信這些父母都清楚了解這樣的道理。離開現有環境只是讓孩子喘一口氣，在安全的環境繼續努力。

另外一個問題，是這群孩子如何在轉銜的過程中被有效支持？如果是通過特殊教育鑑定的特教需求學生，在系統內轉換學習環境是需要被確實通報的。但有更大一群是沒有法定身分但仍需輔導支持的對象，我們的教育系統、我們的社會要如何接住他們？

▼韓國雨衣殺手的報復心理

接下來用一個更極端的例子來說明我的想法。令人害怕的韓國雨衣殺手柳永哲曾在一年內接連獵殺至少十九人，創下了韓國犯罪史的最高記錄，被害人多為漢城地區富裕階層的老人、應召女和上門按摩的女性。

一九七〇年出生的柳永哲患有家族遺傳病「癲癇」，小時候表現出繪畫天份而想要成為藝術家，但因本身有色盲而放棄。母親在他很小的時候離家，父親則是長期酗酒，用暴力方式管教小孩，家中經濟非常困難。

為了生活，柳永哲高中開始偷竊，從青少年時期就因偷竊多次入獄，前後共十四次進入感化所。循環反覆的牢獄生活讓他無法融入正常社會，性格逐漸變得極端孤僻、冷漠。爸爸和哥哥都因癲癇早逝，哥哥過世時僅三十二歲。二〇〇〇年他第十一次入獄，從事按摩工作的妻子提出離婚，柳永哲認為妻子是嫌棄他一無所有才要拋棄他，也將自己遭遇的不幸歸因於貧窮，因此決定要向女性、富人們報復。

因為成長過程中的不順遂，讓柳永哲心裡存在著濃厚的剝奪感，這種感覺就像自己被剝奪了某些東西，而這種剝奪感隨著時間積累也逐漸變成疏離感。簡單來說，就是與這個社會脫節，像是被大家拋棄了一樣，因此攻擊別人也不會感到抱歉，缺乏同理心與罪惡感。

柳永哲曾提到：「三十歲過後，內心只剩下憎恨和憤怒，我想要當制裁者，想要報復這個社會，希望這一切就此消失。」柳永哲成魔的過程可以從障礙的社會模式來思考，到底障礙是如何產生的？不只是個體的因素，整個大環境也需要承擔責任。有些人生來就是魔鬼，但也有些人是因為別人而變成魔鬼，如果有人在悲劇發生前能做些什麼，或許就能阻止悲劇的發生。

可惜的是，從紀錄片《韓國雨衣殺手：全面追緝柳永哲》和相關資料，我們鮮少看見柳永哲在受教育階段，老師和教育系統做了些什麼？他的人際關係如何？有沒有朋友？柳永哲雖然被判死刑，但目前仍在監獄服刑，希望有機會能聽他說。

▼社會互動缺失值得注意

日本內閣府的調查中，十五歲至三十九歲受訪者變成蟄居族的理由以辭去工作最多，占21.5%；其次是人際關係不佳，占20.8%；中學時期開始不上學的占18.1%；因為COVID-19疫情爆發，占18.1%；不習慣學校生活，占12.5%。從這些因素可知，羅馬不是一天造成的，蟄居的狀態因其特質常在求學階段就會顯現，隨著年紀增長，沒有獲得足夠支持的人只會愈來愈退縮。

根據美國非營利組織Gun Violence Archive統計，美國本土在二〇二三年至少發生了一百九十起以上四人或四人以上遇害（槍手除外）的槍擊事件。回顧已公開的相關資料發現，許多加害人在成長過程中有社會性互動和溝通問題，成長過程中缺乏有品質的社會性互動機會。其實我們的環境愈早關心、愈早介入的成本愈小。因為有社會性互動困難的人本身就存在社會上，一切看似無關的其實都是有關的，這個問題和生態保護、永續環境一樣，沒有人是局外人。沒有人在事前能預料，和鄭捷搭上同一班次的捷運乘客沒辦法，六日下午去賣場購物遭遇隨機槍擊案的顧客也沒辦法，這些遇難者只是替我們承擔了！

在學校與社會受挫是推力，網路環境則是拉力，讓這群人和人群愈來愈遠；新冠肺炎的疫情只是逃離人群的好藉口。日本很多年前就開始注意到這個問題，但似乎並沒有太多好的策略，臺灣也正面臨這樣的問題，如果不加以預防，接下來只會愈來愈嚴重。

社會性互動和溝通障礙、社會性退縮等問題值得我們關心，也需要社會大眾更理解。我們需要努力喚醒無動力世代、躺平世代，預防勝於治療，羅馬也不是一天造成的，從實證研究可知這些問題與家庭教育、學校教育息息相關。

家長對於孩子拒學感到無奈。一個週日的清晨，和一位拒學生的父親面談，從他的分享可以想像這幾年來經歷的辛苦。他的故事一點都不陌生，因為我過去聽過許多情節相似的內容，身邊有不少家庭都在面對相似的問題。

這位父親說：「我能試的方法都試了，我身邊能動用的資源都用了。真的是沒辦法了，我不知道還能怎麼辦？」

雖然整個談話過程中這位父親都表現得很鎮定自持，但仍能從一些互動細節中感受到他的情緒，充滿無力感但受責任感驅動，提醒自己保持盼望，期待看見奇蹟發生。

我很肯定的告訴他：「要有信心！你遇到的狀況不算差。」我從爸爸的分享中具體舉出三點在臨床工作上正向的訊息，希望幫助他強化信心。在我身邊有很多成功的案例，這些年有不少孩子在我身邊有正向的變化，我接著說了好幾個孩子的生命故事。

這位父親說：「我好需要聽這些！我真的好需要！」

陪伴處於困境的孩子，大人們一定要懷抱希望！孩子的改變不是我們百分之百可以預期的，我們要讓自己保持穩定，做該做的事。相信，我們才會持續行動，相信，改變才會發生。的確，就像這位父親所述，既定的方法和現有的資源介入都無效。不過，我始終相信，永遠有N加一種方法，過去我們都是這樣把路走出來的，即便眼前現在沒有路。

03

建立孩子的安全感與歸屬感

安全感是孩子探索這個世界的基礎，內在的安定讓孩子更勇於嘗試與冒險。歸屬感則是孩子與他人的正向連結，覺得自己被需要，覺得自己是有價值的人。

▼孩子安全感的建立與早期依附關係有直接關聯

剛出生的嬰兒若沒有大人的照顧基本上是活不了的，也因為如此，依附（attachment）是人最初的一種心理現象。人與人的關係始於需要，而需要的滿足和他人有關，在這樣滿足的過程中和他人建立了情感。依附理論（Attachment Theory）

就是在探討人類個體間關係的心理學。幼兒需要和至少一名主要照顧者建立關係，以促進正常的社會性互動和情感發展。

安全型依附（secure style）的孩子身處陌生環境時，父母在場會探索環境，父母離開時會焦急，父母回來會表現出高興；**逃避型依附（avoidant style）**的孩子，父母在場時不理會父母，父母離開時不會難過，父母回來時也不在意；**焦慮矛盾型依附（anxiety/ambivalent style）**的孩子，父母在場時黏著父母，父母離開時大聲哭泣，父母回來時表現出生氣或輕視。

依附關係是指嬰兒和主要照顧者之間的情感連結，會影響孩子日後在情緒調節和探索能力的發展。嬰兒需要高度仰賴成人滿足其基本需求，和主要照顧者的依附關係是影響孩子自覺安全與否的基礎，內在安全穩定的孩子比較願意主動向外探索，面對突如其來的變化適應力也比較好，反之亦然。

缺乏安全感的孩子通常與主要照顧者的依附關係不佳，我們可以將安全感視為主要照顧者理解孩子的需求，在陪伴與照顧的過程中會正確回應孩子的需求。若主要照顧者不理解孩子的需求，甚至忽略孩子的需求，就會產生依附關係不足。這樣的孩子容易缺乏安全感，在情緒上容易有比較明顯的起伏，面對新的環境容易卻步，不熟悉的人事物會讓他感到害怕不安，不願意主動探索與冒險。換句話說，**依附關係是一個孩子是否具有足夠安全感的關鍵**，嬰兒時期是培養孩子安全感的重要時期，主要照顧者最重要的任務是理解孩子的需求，並給予適當的回應。

生活環境中的不確定性會影響一個孩子內在的安全感，建立安全感是一個長期的過程，需要父母持續投入和關注。每個孩子都不一樣，在教養的過程中，爸爸媽媽需要依據孩子的特質去因應調整。不過，有些重要的基本原則是共通的：像是透過親密與溫暖的互動，建立與孩子的情感連結；給予孩子擁抱和鼓勵，讓他們感受到被愛與接納；保持一定的日常規律和穩定的家庭價值觀，為孩子提供穩定可靠的關係環境，讓孩子感覺環境是安全可預測的；讓孩子感受到被關注和傾聽，尊重孩子的感受和意見，與他們建立良好的溝通；在孩子面臨困難和挑戰時，給予支持，鼓勵他們嘗試新的事物，提供適當的幫助和指導；參與孩子的日常生活與活動，增加家庭成員間的親密感；為孩子提供安全有保障的物質環境，保護他們的身體健康與安全。

下面哪一個描述最接近你的狀態呢？

- ① 我覺得跟人親近很容易，我容易依靠別人，也容易讓別人依靠我。我不擔心被拋棄或跟別人走得太近。
- ② 我有時候覺得跟別人親近不太舒服，我覺得很難完全信任他們，我也很難依賴他們。當別人跟我親近時，我會感到緊張。
- ③ 我常擔心我的朋友不是真的喜歡我。我很想跟人完全融成一片，這想法卻常把對方嚇跑。

解答：

選擇①的屬於**安全型依附**。

選擇②的是**逃避型依附**。

選擇③的則是**焦慮矛盾型依附**。

雖然不能斷言童年經驗與成人關係之間具有直接的因果關係。但是童年的依附關係對於我們日後與他人建立關係和相處的狀態仍有著一定的影響。

雖然有學者提出撫養方式對被撫養者的身心發展沒有太大的影響，但過去大多數研究顯示，先天與後天的因素都對孩子的發展有影響，撫養方式的影響是不可否認的。而撫養方式對被撫養者產生的影響和依附理論密切相關。父母為什麼責無旁貸？因為在孩子還小的時候，主要照顧者的影響太大了！基本上，爸媽就是孩子世界的全部，也是影響他是否快樂（需求滿足）的關鍵。在依附理論中，嬰兒會在壓力情況下尋求接近依附對象（主要照顧者），在這個時期的後期，孩子會開始依附熟悉的人去探索世界，以及在感到威脅時返回安全狀態。而主要照顧者的反應將導致依附模式的發展，影響個體未來在其他關係中的感受、想法和期望。心理學家提出多種依附模式的理論探討不同依附關係對個體造成的長期影響，我認為社會性互動和情感發展對個體是非常重要的，而從依附理論可知它對於這些發展有關鍵影響，這也是我不斷提倡有品質的陪伴的原因。

▼安全感較差對孩子的人際互動影響

缺乏安全感的孩子內在存在著不穩定的因素，也讓他們在與外界互動時較具挑戰性，情緒容易因外在刺激而波動，面對陌生不確定的情境常常顯得被動、裹足不前，這樣的狀態也使得學習與發展受限，長期來說，容易使得自我效能感降低，對自己的工作能力沒有信心，與他人建立穩定的互動關係也變得困難。

大人有品質的陪伴是幫助孩子建立安全感，健康穩定成長的關鍵。波格菈卡．韓丁格博士（Dr. Boglarka Hadinger）在《養出內心強大的孩子》書中提出孩子成長過程中關鍵的五根柱子，藉此幫助孩子形塑人格，學會以積極正向的心態去處理不快樂和挫敗感，樹立自己的人生目標，適性發展，找到生活的意義，有能力應對令人沮喪的意外和成長與生活上的難題。我認為這五個柱子的地基**就是安全感**，安全感能讓人維持穩定，內在穩定能幫助我們建立正向的人際關係，有面對生活的勇氣、能培養「我有能力做到」的自信、有目標和價值觀的生活，體驗與感受生活中的喜悅與熱情。

這些概念和我過往常與家長們分享的概念一致，要讓孩子感覺被愛，有意識的與孩子建立親密感、安全感和歸屬感；創造穩固正向的人際連結與互動；培養「我也可以」的自信，創造成功的經驗提升孩子的自我效能；藉由真實生活經驗幫助孩子形塑價值觀，以終為始進行目標設定；培養孩子的同理心，做決定前能換位思考，考慮別人的處境與困難，同時創造孩子為他人服務，付出自己能力的機會。給予孩子空間，生活中要刻意留白，讓孩子得以盡可能的體驗，並從中梳理自己的經驗和感受。

此外，《養出內心強大的孩子》也特別強調要幫助孩子建立正向的人際關係和生活的勇氣。也就是說，內心強大與正向人際關係有密不可分的關係。如何幫助孩子建立正向的人際關係呢？要提升孩子的溝通能力、互動中要有意識的審視自己的溝通方式、創造加強孩子間凝聚力的活動、製造親子親密對話的機會、察覺孩子的獨特性、喚起孩子對他人錯誤的理解心、學習以建設性的方式面對不當行為的後果、與孩子開心玩耍。

正向的人際關係始於孩子的溝通能力，而爸爸媽媽平時和孩子相處的模式對孩子能否與他人建立正向的人際關係有重要的影響。不要小看自己對孩子隨意說出口的一句話！大人應謹言慎行，因為當你輕忽自己一句話的威力時，那個後果往往超乎你的預期，對孩子可能產生長期影響。而面對所謂的「壞小孩」，要在平時生活中看見並說出他們所做的任何看似微不足道的改變。把握時機鼓勵孩子，強化那好不容易燃起的動力！

▼童年不良經驗與其影響

研究發現，兒童期不良經驗（adverse childhood experiences，ACEs）與成年後的病狀有強烈關聯，在可行性高且證實有效的預防計畫裡，**社群的陪伴與支持不可或缺。家庭是大多數孩子第一個經驗的群體**，爸爸媽媽通常是成長過程中第一個依靠的大人，但是我們也知道，並不是所有的孩子都那麼幸運。家庭功能不完整，缺乏關懷的家庭，通常父母在生活中與孩子缺乏正向的互動，兒童早期不良經驗的風險也跟著增加，這樣高風險的家庭對於孩子的人際互動能力也有影響。

童年不良經驗包含：受到身體虐待、情緒虐待或性虐待；受到生理或情感忽略；父母罹患精神疾病、有物質依賴或入獄；父母分居或離婚；家暴。

高風險家庭的特徵是貧窮、未婚生育、單親家庭等，這些成長過程中的不利因素對於孩子未來發展也有著真實的影響。舉例來說，貧窮家庭的孩子，其童年時期遭遇不良經驗的機率是一般家庭的五倍，而貧窮問題是社會上待解的難題，因為貧窮造成的兒童不良經驗需要系統性的介入策略。

不過，我認為上述比例最普遍和最能有效預防的，是童年時期受到生理或情感的忽略。在快速又高壓的網際網路時代，忙於工作和生計的小家庭，邊滑手機邊陪小孩的父母，都是高風險族群。研究發現，童年不良經驗對大腦發育、免疫與激素系統造成影響，也使得成年後肥胖、罹患心臟病、肺癌的機率升高。童年不良經驗影響成年期健康，勢必衝擊國家生產力，無論是個人健康受損、情緒障礙、社交或經濟困難、醫療成本，都將需要整個社會共同承擔。

▼不良影響難以痊癒

「給我一打健康的嬰兒，讓他們生活在我設定的特殊環境裡——你們可以隨便挑選其中一個孩子，說出你們想讓這個孩子成為什麼樣的人：醫師、律師、藝術家、商人、乞丐或是竊賊，我都能讓你們的想法實現。不用考慮他的天賦、傾向、能力，祖先的職業與種族。」這是美國心理學家約翰．華生（John Watson）的名言，他是行為主義心理學的開創者，也是廣告心理學大師。他認為只要創造一個環境，他就可以把任何一個孩子形塑成他想要的樣子。

一九〇八年華生在芝加哥大學進行了大量的動物行為實驗，後來他獲得了霍普金斯大學的教授職位，在學校開始進行一系列極具爭議的兒童行為實驗，建立起行為主義心理學的理論體系，三十八歲就被選為美國心理學會主席，樹立自己在心理學界的地位。

華生在一九二〇年用八個月大的嬰兒進行一個關於恐懼的實驗，華生認為嬰兒沒有受到經驗的汙染，也沒有受到文化與教育的影響。如果嬰兒本來完全不害怕可愛的小白兔或絨毛玩具，但經過實驗操作後，卻開始害怕，那就可以充分說明，嬰兒的恐懼是由人為操作造成的。

實驗一開始，他先在嬰兒旁邊放了很多毛茸茸的小動物，像是兔子、小白鼠等等，先讓孩子喜歡上這些毛茸茸的小動物。等孩子喜歡上之後，便拿出一隻小白鼠，當孩子想要接觸小白鼠時，華生就會立即在後面發出刺耳的聲音，嚇得孩子大哭起來。反覆實驗幾次之後，當小白鼠再次出現在孩子面前，他就會立馬大哭，並躲避小白鼠。

當時華生的理論風靡美國，但是在研究中遭受了巨大傷害的小艾爾伯特卻在五歲多就去世了，雖然沒有直接證據顯示和華生的實驗有關，但恐懼實驗的過程，真的非常不人道。華生也用自己的孩子做實驗，把自己創立的理論毫無保留地用在孩子的教育上，希望他們能成為優秀的人。

華生的長子因長期受到驚嚇，缺乏關愛，罹患憂鬱症，多次自殺，在三十多歲時自殺成功；次子和父親感情淡漠，從來不回家；小女兒酗酒，多次有自殺念頭；就連華生的外孫女，一生中都曾多次嘗試自殺。

人類最初的安全感建立在嬰兒與一名可靠照護者的關係上，這名照護者通常是父母親。被輕撫、擁抱、輕搖、安慰的經驗能減輕恐懼、傷痛、羞愧與憤怒，最終讓發展中的孩子有能力撫慰自己，並且自行緩和強烈的情緒。與關愛者的眼神交流、感受到被了解、持續受到認可的經驗，也會讓發展中的孩子有能力了解並認可自己和他人，這是安全型依附關係的基礎。

沒有建立安全依附關係的孩子就像活在原始叢林之中，周圍都是獵食者，隨時都預備著戰鬥或逃跑，要幫助這樣的孩子從創傷中痊癒必須整合其身體、大腦與心靈，要讓他感到安全，並且能和社群重新連結。要從人為暴行所留下的影響中痊癒，就必須要有一個尊重和充滿善意的人際環境。心理治療與社會支持是復原的基礎，目前沒有任何新的方法或藥物能夠改變這些基本原則。

寒假營隊時，有個孩子在下山時脫隊。當時接近黃昏，老師們都很緊張，幾位老師分頭找人，同時逐一檢視行經路段上的每一個安全檢核點，確認孩子已經下山，我們拿著手機裡孩子在山上的相片向經過的山友、登山口的攤販詢問。

沒過多久，我們就在岔路口找到這個孩子，當下我的第一個反應是抱抱他，同時對這個孩子說：「這不是你的錯，不是你的問題，是老師們疏忽了。」

我心裡的另一個畫面和聲音是，很多大人會在這個狀態下責怪孩子，甚至把自己焦急的情緒宣洩給孩子。我很慶幸自己有這樣的覺察，沒有本能地這樣反應。因為孩子雖然看起來很鎮定，但我仍能感受到他內心的擔心。這讓我想起小時候和家人去沖繩玩，我在旅途中走丟了。那時候我還在讀小學，內心的慌張無助到現在還隱約有所感受。我相信對大多數孩子來說，那都是一段非常有壓力的記憶。

生活當中，有許多的不預期，每個人多是從錯誤中學習。小孩子會犯錯是正常的，大人的反應決定了錯誤對這個孩子帶來的影響，是學習，抑或是傷害？我們不應該祈求孩子們都有自癒功能，都能自然的健康長大，尤其是心理健康，身邊的大人需要負一定程度的責任。

過去這些年，有許多孩子陸續加入我的訓練活動。在每一位孩子進入團體之前，我都會安排一次一對一的對談，目的是了解孩子過往的生活經驗、家庭互動的情形、學校適應的狀況，因為我愈了解孩子的特質以及需求，我就愈有機會安排合適的資源，同時在活動規劃上，我也更能有效預防問題發生和更及時介入協助與支持孩子。

這樣的安排還有一個目的，就是讓孩子在進入團體之前，先對我有所了解，目的是創造連結，在孩子加入陌生團體之前能培養一點對我的信任感。當孩子與我產生連結，知道遇到問題時自己可以有一位放心求助的對象，他就會慢慢產生安全感，隨著互動時間的積累，這些安全感就會轉化成對於這個團體的歸屬感。

很多孩子在他的學習環境受到刺激時會大暴走，除了本身情緒調節能力需要提升外，營造環境的安全氛圍也很重要。當孩子在環境中感覺不安全，他們就沒有辦法放鬆，一直都處在警戒狀態。這樣的孩子像刺蝟、像毒蛇，我們不能怪他，這是人內建的生存機制。面對成長過程中有不良經驗的孩子，缺乏關愛與信任的孩子，我們更需要有耐心的讓他相信眼前的大人和過去的大人不一樣。

當衝突事件發生後，孩子能放心的和大人合作，接受大人的引導，坦然面對自己的錯誤，就能夠將壞事變好事！當下的錯誤就會變得更有價值，正向的循環才能慢慢地建立，孩子會開始重新信任他人，產生人際連結，不再處於孤立的狀態。

04

不再孤獨

孤獨是人的主觀感受，即便處於群體之中，個體仍然有可能感到孤獨。但孤立是被動的，絕大多數的人不喜歡這樣的感覺，因為人際需求的滿足影響著我們的幸福感，被愛被接納是人們渴望的。當然，生活狀態與人際網絡是每個人可以選擇的，互動關係的複雜度也影響著我們大腦的運作和發展。網際網路的時代，人與人的互動相處被解構又重新建構，這個變化快速且頻繁，人該如何自處？人又應該如何因應這些變化？適當的抽離獨處，內心平靜又富足，我想這是現代人重要的功課。

▼人際網絡的重要性

人類是社群動物，關鍵證據在我們的大腦，靈長動物腦袋的大小跟能夠組成的社群規模有關。腦子愈大，社群規模就愈大。人類是所有靈長類動物中能組成最大社群規模的，平均能有一百五十名成員。

關於一百五十這個數字，我持保留態度。因為在網路時代，人際網絡的估算方式應該也會和以往不同，但我認同人際關係的運作牽涉到複雜的大腦運作。

社會性互動是腦力工作，為了順利跟其他人互動，大腦需要儲存大量的資訊，像是對方喜歡吃什麼？興趣愛好為何？住在哪裡？在哪裡工作？誰是他的朋友？他和誰不對盤……等，如果能記得對方生活中的細節將對社會性互動有所幫助。舉例來說，如果你的互動對象剛失戀，你卻問他最近和伴侶的關係如何？這樣的問題就有可能造成關係緊張，也可能因此得罪對方。

換句話說，我們的人際關係能力和大腦能處理訊息的能力高度相關，幾千萬年演化的結果讓我們知道，社會性互動較多的物種，腦袋就需要變得更大，而且這樣的發展是雙向的，缺乏社會性互動也會導致大腦縮小。

德國科學家在二〇一九年時曾對在南極觀測站工作十四個月的九名隊員進行研究，發現這群人的大腦尺寸縮小了，考察隊員們的大腦主要負責形成新記憶的齒狀回（dentate gyrus）平均縮小了約7%。

除了腦的體積縮小外，這些考察隊員的智力測驗成績也不如出發前的表現，其他研究也發現，在南極過冬的人，通常到冬季過了一半的時候，社會互動障礙問題會明顯增加。

大量的研究結果也支持這一論點，大腦還在發育階段時，社會性互動的經驗尤其重要。像是有研究發現，在孤立環境中被飼養的老鼠和螞蟻大腦長得比較小，行為與同伴不同，也容易偏離常態；屬於群居生物的魚若被孤立飼養，其配合能力就會降低；比對實驗室中黑猩猩的行為發現，曾在幼年時被剝奪社交互動的黑猩猩對自己的私人空間受到侵犯更不能容忍，平時更少為同伴梳理皮毛，更傾向於組成較小規模的社交網。

孩子在成長的過程中需要更多人與人面對面的互動，因為他們可以藉由實際經驗了解現實生活中會出現的各種不同社交情境，學習潛藏在人際互動中的社交暗示和期望，對於那些本身就不擅長觀察的孩子，更需要在生活中刻意練習。

研究發現，人類在童年時的社交活動參與程度與其社會性互動能力之間有直接關係。而家中手足較多的孩子在社交場合適應力較佳，成長過程中獨處時間多的孩子容易對社會性互動情境做出不利於自己的判讀。**對於孩子們來說，學校是練習社會性互動最重要的場所。**

對於培養社會性互動與溝通能力來說，與他人的接觸當然愈多愈好！很可惜的是，這群人通常從小就缺乏練習的機會！

▼人際需求與幸福感

亞里斯多德認為更深層的滿足並非來自於感覺良好，而是從事有益的事，像是培養和保持良好習慣，平衡自己的生活，並加深與他人的關係。心理學家阿德勒曾說：「所有的煩惱，都是人際關係的煩惱。」因為人是社群的動物，我們依賴他人而活，生命總是無時無刻都會和別人產生關聯。許多和幸福感有關的研究也不斷提出與他人建立有意義的連結，創造良好的人際關係，是幸福感最重要的來源。

英國的經濟學家理查・萊亞德（Richard Layard）在他的著作《快樂經濟學》（*Happiness: Lessons from a New Science*）中提到決定幸福與否的七大因素，分別是家庭關係、財務狀況、工作、社區和朋友、健康、個人自由，以及個人價值觀。這七大因素除了健康和財務狀況，其他因素都和人際關係的品質有關。換句話說，影響幸福感的關鍵是社會因素而非物質因素。

聯合國二〇一五年的《全球幸福報告》（*World Happiness Report*）中提到，生活滿意度和人際關係頗有關聯；另一位學者約翰・赫利維爾（John F. Helliwell）的研究也發現類似的結論。他們發現自覺幸福的人當中有四分之三可用以六大因素來概括，分別是社會支持、慷慨、信任、自由、收入良好和健康的平均壽命。這六個因素中有四個和社會互動有關，其中最重要的是社會支持。所謂的社會支持是指遇到困難時有人可以幫忙。換句話說，真正的財富是社會性的，而非物質性的。

哈佛大學自一九三八年開始進行的一項可說是史上最大規模的人類發展研究，希望了解人類的幸福感從何而來。哈佛大學精神病學家羅伯特・瓦爾丁格（Robert

Waldinger）於二〇〇三年接管了這項持續將近八十年的研究。他在一場 Ted 演講中向大眾揭露了驚人的研究結果：**良好的人際關係不僅能讓我們更幸福，也能讓我們更健康**。也就是說，和周遭的人維持良好的人際關係，能擁有最多幸福的感受。

瓦爾丁格也提到結交許多朋友、擁有廣大人脈或是身邊有個伴都不一定會帶來幸福，因為**我們真正需要的是親密、穩定及持久的關係**。人際關係重質不重量，真正幸福快樂的關鍵是我們能和身邊的人建立深度的情感聯繫，無論家人、伴侶、朋友都是如此。研究發現，在五十歲的時候對自己的人際關係最滿意的人，也是在八十歲的時候最健康的人。

瓦爾丁格認為，那些與他人隔絕的人，許多人都是因童年時期的創傷或是成長過程中遭遇重大人際關係打擊的人，他們從此把自己孤立起來，不願與人交流。我們必須正視這些創傷，並且努力找到應對的方式，而不是把愛推開。因為擁有穩定良好的人際關係能讓身體維持健康並延長壽命，對大腦來說也是重要的保護機制，當我們處於安全穩定的關係中，在需要時有能依靠和信任的對象，我們的大腦就能保持清醒和敏感度。

正向心理學之父馬丁・塞利格曼（Martin Seligman）的研究也呼應上述發現，他在二〇一二年出版的《心盛》（*Flourish*）書中提出幸福的模型有以下五個面向，分別是：正向情緒（Positive Emotions）、全心投入（Engagement）、正向人際（Positive Relationships）、生命意義（Meaning），以及成就感（Accomplishment）。人是社會性的動物，社會支持網路能讓我們得到溫暖，並且度過難過。許多研究都指出，親朋好友間的支持可以讓人對生活更加滿意。

美國心理學家威廉・舒茲（William Schutz）在一九五八年提出人際需求理論（interpersonal needs theory，也稱為人際關係三向度理論〔three dimensional theory〕）。舒茲認為每個人的自我概念大部分的驅力是來自於與其他人之關係。他認為每個人有三個基本的人際需求，不同需求類型的人，會發展出不同的反應，這決定了個體在人際互動中採取的行為，包含如何描述、解釋和預測他人的行為。三種需求分別是：情感（affection）需求、歸屬（inclusive）需求與控制（control）需求。

① **情感需求：**個人有付出與獲得情感的期望，平時會運用語言和非語言的方式表達情感，與他人建立關係並維持情感需求。

②歸屬需求：期望能被他人認同接納，在群體情境中產生歸屬感，想要與他人建立並維持一種滿意的互動關係。

③控制需求：能影響周遭人事物的欲望，在權力問題上與他人建立並維持滿意關係的需要。

▼有質感的連結帶來滿足與快樂

還有一項追蹤超過十年的研究也發現，最終使人感到快樂的，並不是擁有多少名聲和財富，而是與身邊的人有多深和多好的連結。這些連結的重點不在量，而在質，愈深的連結，會帶給我們愈多的滿足。為什麼正向人際關係能讓我們對生活感到滿意呢？因為好的人際關係使我們感受到被了解、被聆聽的好處、安慰以及鼓舞，這些都是使我們感到幸福的關鍵。

當我們被孤立時，腦內的痛苦中樞會被激發，關係上的傷害會真實的造成我們的痛苦。從演化的觀點的來看，我們的確會需要他人的支持才得以生存。研究證實常從事社交活動有助擺脫孤單、寂寞，日子也會過得比較開心。

在美國賽吉（SAGE）出版公司旗下知名期刊《傳播研究》（*Communication Research*）的報告中指出，每天只要能和親友或同事進行一次所謂的高質量談話（quality conversation），就可以提升幸福感，並增進心裡健康。

人際互動關係到個體長期的滿足感與幸福感，換句話說，人際關係對於所有人來說都是重要且影響深遠的生命課題。身邊許多孩子在成長過程中人際需求很難被滿足，他們的困境大多受限於本身的特質和能力，若是運氣不好，再遇到不好的人和惡劣的環境就更辛苦了。

大人的功能是幫助孩子建立成功的經驗，促進孩子在情感需求上的滿足，創造多元友善的環境，滿足孩子在歸屬上的需求，讓他覺得自己是團體中的一份子。至於控制的需求可以建立在平時的學習活動上，刻意的設計和安排將有助於讓不同能力的孩子都有機會表現。社會技巧是可以被訓練的，若是我們擁抱成長型思維，就會相信努力學習和練習可以帶來改變。正深陷人際困擾的孩子應該這樣看待自己，身邊的大人們也應該這樣相信！

▼孤獨啊，孤獨

電影《致親愛的孤獨者》中以三段短片，透過駱以軍飾演的書店老闆，敘說了三位女性的故事，深入剖析現今年輕世代內心深處的各種「孤獨感」。對於這三位主角生命故事的描繪能補充許多我對不同處境者的理解。第一個故事讓我感受到許多的困惑與迷茫。第二個故事讓我感受到人類的非理性與絕望，當現實環境中一再一再的遭遇打擊和挫折。還好，編劇沒那麼壞，讓我在第三個故事看見盼望，這段故事比較接近我對這個世界的認識、理解和期待。

透過會客時間陪受刑人聊天賺錢的小薰在工作中遇見編號二九二三的受刑人，他們的相處打開彼此封閉已久的心，二九二三向小薰訴說了自己的過去，而小薰也因為兩人的互動找回真實的自我。這是兩個孤獨靈魂相遇的故事，當你的故事被傾聽、被接受甚至被關心，就有機會讓你願意重新接納那個連你自己都不願意面對的自我。我認為這是解放孤獨靈魂的其中一種解方。我很喜歡第三個故事中兩個人連結的初始設定，一個是來賺錢的，另一個是來消費的。即便如此，他們卻能在這樣的互動狀態下找到人與人之間最單純的美好。

駱以軍曾寫下：「我曾經在最孤獨的時候，自己擁抱著自己，左邊的自己抱著右邊的自己，黑白的自己抱著彩色的自己。」有人會說孤獨沒有不好，孤獨的時候，看世界會比較清楚。我認同獨處是重要的，但若感覺到孤獨、孤單甚至寂寞，那就代表生命中一定缺了些什麼。孤獨、孤單和寂寞都是當事人主觀的感受，這和身邊熱不熱鬧，人多不多沒有關係，孤獨是內心深處的聲音，是需要被理解、被關注的，所以應該很少人會為了要看清楚這個世界而處在這樣的狀態中。在我身邊有許多孩子，他們並不是自願活在這樣的狀態下，他們更希望掙脫，改變自己的處境。我仍相信不同生命的真實相遇能共振，失落的靈魂也能被期待，有機會翻轉，至少我是這樣相信的。

▼寂寞經濟現象

陪受刑人聊天應該算是一種接近實體付費交友軟體的概念。我認為這也屬於近幾年在談的寂寞經濟，為了排解人類的孤獨與孤單，有許多新型態的產業出現。

在二〇一二年的新聞報導中看到在日本出現所謂的「陪睡專門店」，服務生會陪顧客睡覺和聊天，陪躺二十分鐘的費用約一千二百元台幣，躺大腿或睡手臂三分鐘將近四百元，抱抱三秒要價三百九十元，指定服務人員則要加價，實際費用可能更高。即使不便宜，但據說生意超級好。

去東京旅遊時，我在秋葉原路過「陪睡店」，在門口看見裡面擺著幾張床，有圖示說明會有店員躺著陪聊天，但是不會提供色情服務。記者訪問時提到，有個二十一歲的年輕人幾乎每天都來陪睡店報到，單身的他純粹想要找人陪、找人聊聊天。大部分男性顧客，在經過一天辛苦的工作後，來這裡放鬆和休息。

除了陪睡店，日本甚至出現陪睡師這種職業。

陪睡師的工作是到顧客家中，陪伴客戶吃飯、聊天，讓顧客放鬆。入睡時再依照顧客喜歡的姿勢，溫柔地摟著入睡，雖然是陪睡，但是明文規定不提供任何性服務。當時報導中提到陪睡師最基本的行情價為二小時約台幣四千八百元，若要陪睡一晚，換算成台幣超過萬元，主要客群集中在收入較優渥的三十～五十歲顧客。

陪睡師在日本大約二〇一六年最為流行，除了男生之外，也有許多女生投入這個職業，雖然收費高得嚇人，但仍然有許多熟客固定來消費。我認為排解孤獨與孤單是人類的核心需求，未來在各個領域都會有人試圖解決這個問題，因為有需求就有市場。換一個角度想，都可以找人陪睡和陪聊，那麼類似的處理方法是否有可能讓我們協助孩子突破社交困境呢？

曲老師路上觀察筆記

身邊的許多家長都有這樣的困擾，就是當孩子有了手機網路，若沒有管制，就會耗費許多時間「泡」在網路上，有些孩子甚至和身邊的家人沒有什麼話講，除了透過網路與同學聯繫外，也和那些不認識的網友們互動熱絡，在生活中與網路世界中判若兩人。

在餐廳中，我們會發現，有許多用手機平板餵養小孩的爸媽。吃飯聚餐的場合是一個極具社會性互動的情境，孩子在這個過程中有機會發現不同人的喜好，各種人的生活習慣，他有機會在餐桌上練習與他人互動，像是輪流轉桌上的圓盤。面對自己喜歡吃的食物也要練習節制，而不是一個人吃光一盤菜。簡單的說，當孩子的注意力沒有被手機平板網路佔據時，他才有機會把自己「空」下來，浸潤在這樣社會性互動的情境。換句話說，手機、平板和網路很有可能在生活中剝奪孩子學習人際互動的機會。

我們的世界已經不是以前的世界，我們的生活也不是以前的生活。世界的改變，生活樣態的改變，也讓人類的行為跟著改變。我們活在一個超越實體環境的世界，也讓人的意識容易竄流在不同虛實空間之中。簡單的說，我們的世界變得比以往複雜，變化的速度比以往更快，如果沒有刻意停頓，我們的注意力自然的被瓜分，留在所處環境中的人事物比例降低，和他人實體的接觸與互動的頻率也下降。人有沒有因為這樣的環境變得更快樂？其實沒有！許多研究都指出，網際網路是人類焦慮的主要來源之一。

網路世代有許多的優勢，但對於孩子實體的社會性互動與溝通能力是一大隱憂。成長過程中，缺乏與他人真實互動的經驗，對人就容易疏離。爸爸媽媽要適度的讓孩子回歸非網路的世界，讓孩子試著練習把自己的心空下來。

第二部

看，他們的摸索

這一部藉由真實的案例分享，希望讓讀者們窺見這些在我們身邊的孤獨者，這些人不是少數，在成長的過程中他們總是悄悄的存在著。

他們的生命中缺了什麼，以至於他們在群體中多半只能一個人待著？身邊的大人們可以做些什麼？喔不！是應該要做些什麼？讓他們身心得到支持，在成長的過程中能和他人建立信任，讓他們相信，即便跌到了，有人會拉自己一把。

01

孤獨一號：內向安靜而受到忽略的小青

小青平時在學校話不多，就連下課時間也多半一個人在做自己的事情，本身內向又不善於言詞，讓他在班上常常像是隱形人一樣。對於學校大多數的學習科目都沒什麼興趣，在課堂的參與度低，在很多需要討論與發言的活動上，小青也常表現出退縮的行為。不過，小青的安靜也讓他很容易被任課老師忽略，因為跟同學間沒有太多的交流，班上也缺乏真的跟他比較熟悉的同伴。

大多數同學都知道班上有小青這一號人物的存在，平時卻鮮少有人跟他互動交流。這個班級中有幾個同學特別調皮，平時就容易和其他同學起衝突，當然也時不時的會開小青玩笑，偶爾會捉弄他。有一天，其中一個很調皮的孩子發現自己的書包裡面多了許多餅乾屑，這些餅乾屑的數量多到不像是不小心掉進去的，很明顯就是有人刻意丟的。老師詢問班上的同學，都沒有人知道餅乾屑是誰丟進去的。

又過了幾個禮拜，書包被丟進餅乾屑的這名同學有東西遺失了。這件事同樣引起班上騷動，老師個別約談了班上幾位同學，對於遺失的東西去向和遺失原因一無所獲。經過老師詢問，小青成了其中一個被鎖定的對象，原因是這個刺激別人的同學，過去常常會捉弄小青、甚至嘲笑小青，雖然還不到霸凌的程度，但是會慫恿旁邊的同學一起鬧小青。因著這樣的緣故，導師和輔導老師幾次私下詢問小青餅乾屑和遺失物品的事，小青表示自己並不知情。

▼想要報復

小青出生於單親家庭，由媽媽家撫養，平時的主要照顧者是媽媽。媽媽平時需要工作，陪伴孩子的時間也非常有限。小青在家中除非必要也鮮少會和家人互動，大多數時間都沉浸在網路和線上遊戲的世界。因為透過網路，他可以比較自在地與他人交流，藉由網路遊戲也比較容易和他人互動，班上後來有幾位同學跟小青也因為一起玩網路遊戲而變得感情比較好。換句話說，**小青的人際關係是靠著網路互動慢慢建立的**。

學校老師對於同學遺失物品一事仍然很在意，在輔導老師一次個別找小青談話時，他鬆口表示，餅乾屑和遺失物都出自他所為。他會想這樣做是為了「報復」，希望這個欺負他的同學能被懲罰。平時他被不合理對待時，他都不知道可以怎麼回應，也不知道該怎麼辦。在班上這樣的狀況層出不窮，讓他心裡對這個同學的不滿持續累積，最後才想出用這些方式來「處罰」對方。

後續老師們介入輔導，試圖讓兩個同學和解。學校也啟動了輔導相關機制，學校老師定期會和小青晤談，希望藉由輔導讓小青知道可以如何因應同學的刺激。小青也因為網路遊戲在班上建立了基礎的友誼，他在班上的適應也愈來愈穩定。

▼違法而不自知

大約一年後，有位學生家長氣沖沖的和學校聯絡，原來是他的孩子的雲端作業全部被刪除，包含一些社群媒體帳號上面的資料、YouTube頻道上自製的影片也全數被刪光。這位家長很明確的告知學校，這件事情是小青做的，因為他在做這件事之前就先向其他同學宣告。

因為這件事發生的時間點在學校上課期間，學校立即調閱教室監視器畫面，希望確認這件事情的來龍去脈，也分別尋找家長提到的相關同學來詢問。這一次小青很快就承認是他把這個同學的作業及相關網路資料全部刪除，原因是想要「報復」這個同學。主因是對方讓小青覺得困擾，除了平時的言語挑釁，雙方也有兩三次肢體衝突。對於小青來說，這是非常不愉快的經驗，但面對這些衝突刺激，小青仍然沒有發展出合適的應對姿態和方法，所以他選擇用這樣的方式回擊，想要給對方一點顏色瞧瞧。

但把對方作業和網路上的資料刪除是違反法律的（註），小青因為這樣的行為要去警察局做筆錄，並且需要到保護官那邊說明，也需要出席少年法庭。

註：

- 《中華民國刑法》第三五八條　無故輸入他人帳號密碼、破解使用電腦之保護措施或利用電腦系統之漏洞，而入侵他人之電腦或其相關設備者，處三年以下有期徒刑、拘役或科或併科三十萬元以下罰金。
- 第三五九條　無故取得、刪除或變更他人電腦或其相關設備之電磁紀錄，致生損害於公眾或他人者，處五年以下有期徒刑、拘役或科或併科六十萬元以下罰金。

曲老師　給爸媽　的便利貼

對於小青這樣內向安靜的孩子來說，爸爸媽媽在教養上需要特別注意：

①重視人際互動技巧的訓練：在小青的故事中，可以看見他幾次的人際衝突都源自於面對同學刺激時，缺乏能幫助自己面對這些情境的適當回應方式。能想像

小青平時和同學互動是弱勢，因為沒有辦法在檯面上獲勝，就發展出他私下報復對方的行為。缺乏人際互動的社會技巧會讓小青長期處於一種被害者心態，當積怨日深，就容易出現報復性行為。

②**引導小青練習排解人際互動的壓力：**很明顯的，小青在和同學互動時產生的壓力沒有好的排解策略。面對他人不友善的對待時，心裡必然是難受的。小青需要有意識的練習處理這樣的情緒，以及如何面對這樣的情境。

③**協助小青建立與大人的信任關係：**從小青的成長經驗可知，出身單親家庭的他小時候與大人的互動品質有一定程度的受限。媽媽忙於工作又需要照顧他，對他人的親密感應該受到了影響。這樣的孩子在成長過程中，遇到問題慣性的會想要自己處理，而非尋求協助。但如果遇到能力不及的事情時，他用本能的方式去處理，就有可能替自己惹上麻煩。

在學校，對於像小青這樣安靜內向的孩子，老師和輔導老師需要注意：

①**協助小青建立人際互動的支持性網絡**：小青因為玩網路遊戲，而和班上少數同學建立起基礎的關係，這群同伴對小青來說就是最親密的朋友，老師們可以試著引導小青將班上同學進行分類，哪些人會落在最親密朋友外一圈，哪些人對自己來說是最疏離的。同時，要讓小青知道，除了同儕，身邊有哪些大人是可以求助的對象。

②**法治教育**：小青一直以來選擇用來報復對方的手段其實都是違法的，舉例來說，把同學的東西藏起來，把同學的作業資料刪掉，這些其實都必須承擔法律責任。平時需要讓小青多了解法律相關知識，讓他更了解自己行為後果的嚴重性。

02

孤獨二號：缺乏社會技巧與同學互動尷尬的小安

小安是一個**具有自閉症特質**的國中生，在**人際互動與溝通上明顯有些困難**，父母從小對小安核心能力的培養相當用心，早期療育的訓練、體制內外相關的資源也都盡可能讓小安有機會參與。也因為爸媽重視教育，小安在與人互動的基本禮節上都會特別注意，像是剛見面時的打招呼、問候，離開活動時的道別、說再見，對於長輩的互動他也會注意禮貌，不至於出現太超過的行為。不過因為核心特質的影響，可以明顯感受得到，小安在與他人互動時略顯刻板，在互動與回應上有時候會顯得不太自然，像是露出不自在的笑容，有時候在同儕相處上會讓互動對象感到尷尬。

在和小安相處的過程中，可以感受到他的人際互動需求隨著年紀增長愈來愈明顯。渴望與同儕交流，希望成為群體的一份子，這是小安上中學後在課業學習外很重要的目標。中學年紀的孩子正值青春期，大多數的孩子在這個階段都努力的尋求自我認同，而賀爾蒙的分泌也讓這個年紀的孩子顯得衝動，自我控制與調節能力不那麼穩定。對於小安這樣的孩子，面對社交互動情境最常採取的策略就是模仿，「同儕做什麼，我就跟著做什麼，這樣就不會讓別人覺得我很奇怪」。

班上幾個男生開始表現出對性的好奇，會在下課時間做出一些不雅的動作當成玩笑，剛開始小安也是其中一份子，同學做什麼動作、發出什麼聲音，小安就跟著大家一起起鬨，同學們嘻嘻哈哈玩成一團，這樣的舉動就成為這幾個男生平時互動的默契與消遣。

持續一段時間後，不知道是什麼原因，這群男生的其中一個開始刻意拿這樣的行為對小安開玩笑，當下小安其實沒有反應過來，還覺得對方跟之前一樣是鬧著玩，心裡想的是這樣的互動應該算是一種「友誼」的展現吧！但沒想到，這樣的互動頻率愈來愈高，小安感受到的不舒服也愈來愈強烈。

小安很認真的告訴對方，這樣的行為讓他感到不舒服，這名同學的回應是，「你之前也都是這樣做啊！這又沒什麼，就是開開玩笑而已。」小安多次直接表達不舒服後，這個同學並沒有停止這樣的行為，甚至變得比一開始更嚴重，還多次嘲笑小安開不起玩笑。在過往的輔導經驗中，有很多孩子會因為想了解對方的反應而有這樣的行為，或許是因為小安當下的反應讓同學感到有趣好玩，對方才不願意停止。整個過程中，許多班上同學都看在眼裡，但沒有任何一個人伸出援手幫小安。

以我對小安的認識，基本上他對這樣的情境是無能為力的，因為**臨場反應和隨機應變一直都是他的弱點**，面對這樣針對性且有目的性的刺激，小安感到非常不舒服，不僅影響他在學校的學習，也讓他的學校生活充滿不開心的情緒與壓力。

這樣的狀態持續好一陣子，小安的同學沒有因此放過他，反而變本加厲，除了原先的不雅動作，甚至幫小安取一些不雅的外號、用言語誹謗小安。或許是因為正值青春期，小安覺得要把這樣的事情告訴老師和家長很沒面子，他一直都隱忍不說，直到有一天他終於受不了，才回家把這些事情告訴媽媽。媽媽除了心疼之外，也尋求校外輔導老師（我）協助，小安才在晤談中說清楚整個事件的來龍去脈。

媽媽立即向學校申訴，因為這件事本質涉及到性平和霸凌，對於學校來說是相當嚴重的。學校立即召開相關會議，把雙方家長請到學校，並和學生約法三章。雖然事情到這個階段算是已經落幕了，但小安對這段日子以來受到的委屈仍久久無法釋懷，講到傷心處，眼淚還會掉下來。

曲老師 給爸媽 的便利貼

對於小安這樣有自閉症特質的孩子來說，父母親在教養上需要特別注意：

①提供穩定的人際互動訓練與輔導支持：小安本身具有自閉症特質，社會性互動溝通是其核心困難，即便小時候有進行早期介入與訓練，但隨著年紀增長，面對的社會情境和人都會有所不同，對於小安這樣特質的孩子，需要持續穩定的進行社會技巧的訓練與練習。

②和青春期孩子維持有品質的親子互動關係：當孩子年紀增長，他會不斷地尋求獨立自主，這個時候難免會與主要照顧者發生衝突。爸媽要與時俱進，適時調整自己的角色，從照顧、要求、管理轉換成陪伴、支持與傾聽，維持有品質的親子互動關係，當孩子有需求時，才敢開口或願意說。

③平時要刻意關注其生活適應狀況：環境中的人際刺激是複雜且多變的，當孩子的生活狀態、習慣出現一些明確變化時，家長要有一定的敏感度，主動關心與進一步了解，很多問題在一開始都相對單純，比較容易處理。

曲老師 給老師和輔導者 的便利貼

對於小安這樣特質的孩子來說，學校老師與輔導人員在輔導工作上需要特別注意：

①有意識的創造多元價值的教育環境：每一個人都是獨特的，每一個孩子都是與眾不同的，老師應該有意識的在班級環境中創造這樣的多元價值，讓每一個孩子的獨特性都受到珍視。同時，也讓孩子知道，有些事情，有的人擅長，有的人不擅長，無需強化不必要的競爭和比較。

②要讓孩子清楚知道界線在哪裡：性平和霸凌事件都是法定通報案件，孩子平時無心的玩笑都有可能不小心就踩線了。校方和老師平時就要透過教育活動讓孩子們知道這條界線在哪裡，以及踩線的後果會是什麼。同時，藉由平時孩子們的互動與行為進行機會教育，讓環境中的每個人都能對「尊重」有明確的認知。

③班級和學校是最好的人際訓練場：對於有社會性互動困難的孩子來說，他們比大多數的孩子需要更多練習與他人互動的機會。老師們平時在學校場域中若能有意識的關注這些孩子的人際互動需求，萬一有問題發生時，多給這些孩子一些時間和引導，他們的進步是可以期待的。

03

孤獨三號：資優早熟反而交不到朋友的小樂

小樂小學二年級通過資優鑑定，三年級**進入資優班，之後開始出現班級環境適應上的困難**。小樂認為自己會適應困難主要源自於班導師的排斥，他認為班導師很明確地表現出不喜歡自己，理由是同一個時間，班上有三個資優生，班導師特別喜歡另外兩個成績表現好的資優生。當時的小樂不明白為什麼老師會這麼不喜歡他，但這樣的表現很明顯，因為連外公只去參與學校運動會一天，就感受到老師對小樂的不友善。

小學階段的班導師對孩子的影響非常大，小樂覺得自己的運氣不好，老師教完自己這一屆後就要退休了，平時對於班級同學也沒有太多的關心。小樂因為學得快，在普通班上課時常常覺得課程內容過於簡單，上課都在發呆，他覺得班上能和他互動的同學都是資源班的特教生，他覺得特教生對人相對真誠，下課時間可以一起聊天打屁。小樂提及班上的這群特教生人緣都還比他好，下課會有男生找他們一起玩，分組的時候也可以找到夥伴；他也提到，小學時候的分組，他都是和班上剩下的同學一組。

小樂覺得「這個世界是圓形的，如果依照每個人的智商高低來排序，會發現最聰明的人會和最笨的人接在一起，我覺得自己很善於和他們相處。因為小學資優班和潛能班都會抽離原班上課，那些潛能班的同學就會覺得我和他們是一樣的，願意和我互動，願意接近我。」

這樣的狀況到高年級並沒有好轉。雖然換了一個導師，但小樂認為既有的學校模式很容易讓老師忽略個別學生的需要。對他而言，至少他在讀小學期間，沒有感受到有任何一位老師真正理解他，也從來沒有任何一位老師個別關心過他。小樂沒有埋怨老師，他覺得這是一種系統性的問題。

高年級的導師是一位非常年輕的老師，他和班上的同學相處融洽，但是缺乏判斷能力，尤其是班上同學之間有衝突的時候，這位老師往往沒辦法有效的介入處理，處理幾次事件下來，也讓小樂對導師失去信任。在六年級一次段考前，小樂第一次拒學，他就是覺得不想要去學校，但也沒有特別想要做什麼。

四年的資優班生活並沒有帶給小樂太多人際和認知學習方面的滿足，他覺得資優班的學生來自各個不同的班級，每個人都覺得自己很厲害，資優班老師也沒有特別引導。小樂覺得自己和這些同學都不熟悉，也說不上話，因為大家都不聽別人說話。

在認知學習方面，小樂覺得老師會很目的導向的要求班上同學做某件事，卻沒有辦法讓他理解為什麼要做這些事。舉例來說，老師要求小組完成一個碳六十的模型，但小樂無法理解為什麼要做這個模型。

小樂小學時期的人際關係貧乏，沒有交到所謂的知心朋友。小樂的爸媽都在金融業工作，他認為爸爸也是非常聰明的人，但從他有記憶以來，爸媽在生活中時不時就會爭吵，媽媽有很多次說要搬出這個家。對於幼小的小樂而言，生活中充滿了許多不確定性。我剛認識小樂的時候，能感受到他還在建立對人的信任感，對自己內心複雜的感受仍需要有人引導和釐清。

小時候的小樂會一直覺得別人很笨，覺得別人不聰明。但隨著年紀愈來愈大才知道：原來他覺得笨的那些人才是正常人！小樂覺得自己不正常，所以會在團體中盡量表現得正常一點，因為表現得太聰明，同學就不喜歡他，最簡單的方法就是裝笨，他覺得裝笨其實蠻容易的。

小樂說：「在幼稚園的時候，有一次老師讓我們進行一個團隊任務，大家手忙腳亂弄半天解決不了，我一下子就可以解決，但我要告訴那個主導的同學時候，他非常不高興，而且從那天開始，他就非常討厭我。」講到這裡，小樂流下了眼淚。

小樂覺得和我對談不容易，因為他覺得沒辦法預測我想要聽到什麼答案。他表示，通常別人和他說話時，他都可以預測對方想要聽到什麼答案，或者是有一個標準答案。但是他覺得好像沒辦法預測我會說什麼或怎麼說。

曲老師 給爸媽 的便利貼

對於小樂這樣**有資優特質**的孩子來說，父母親在教養上需要特別注意：

①保持與學校老師穩定的互動：小樂這樣的孩子在成長過程中是辛苦的，爸媽平時就要和學校老師保持聯繫，確認他在學校的適應狀況，如果有發生什麼特別的問題，也比較能夠立即介入處理。爸媽應該是最理解自己小孩的大人，找機會適時和老師分享對自己孩子的認識，也有助於老師理解孩子的特質。

②讓小樂知道和別人不一樣沒關係：小樂是臺灣法定的資優生，換句話說，他的魏氏智力測驗分數會高於130分（普通人是100分），資優生多半思考速度快，但也伴隨著容易過度激動的特質，對於環境感知的能力特別強，心智上通常也會比同齡的孩子早熟。陪伴這樣的孩子，爸媽也需要有一定的敏感度，長大的過程中，他需要對自己有更多元的認識，並且要能慢慢接受與珍視自己的與眾不同。

③創造課後的支持團體與人際連結：在一般的教育環境中，小樂要發展人際關係是一場高難度的挑戰。建議爸媽能利用小樂有興趣的活動協助他創造校外的人際關係。人際互動對孩子來說是重要的，不過朋友不見得一定要是同校的同學。

曲老師 給老師和輔導者 的便利貼

對於小樂這樣有資優特質的孩子來說，學校老師與輔導人員在輔導工作上需要特別注意：

①老師要有意識的關心個別孩子的狀態：如果以班級為單位來思考學生的輔導，通常很容易有漏網之魚。每個孩子在成長過程中都會遇到問題，雖然我們的系統是以班為單位，但不要忘記，教育應該要回歸到關注每個孩子的個別需要。

②藉由制度的規劃，避免讓小孩落單：我們可以在學校內或是班級中刻意安

排，讓老師有機會能和小孩個別談話。就像我之前在實驗學校工作時就設計了一個制度，讓全校專任老師能固定排出時間和孩子一對一的談話。

③加強特殊教育宣導：我們需要重新認識資優教育和資優生。小樂的成長過程之所以辛苦，很大一個原因是源自於班導師對資優教育和資優生的誤解。雖然學校每個學期都會安排校內的特教研習，但過去的主題多半聚焦在身心障礙類別學生的輔導，建議學校也應該對班上有資優生的導師進行宣導，提升第一線教師的特教知能，幫助這些孩子。

④創造校內同學之間互動連結：無論在普通班或是資優班，同學之間的互動都是很重要的人際互動機會。老師們平時除了學科教學外，也可以思考如何花時間讓孩子們能練習與他人互動和相處，雖然人際互動不是考科，卻會影響一個孩子未來長期的發展，這樣的軟實力甚至可能成為未來進入職場的關鍵。

04

孤獨四號：經常和同學發生衝突的小綠

小綠從小學低年級就很常和同學起衝突，在學校常和同學爭執，一言不合就可能打起來。這樣的狀態一直沒有改善，甚至因為和同學關係不好，小綠曾經故意在班級跑步比賽時刻意跑得很慢讓班級輸掉。

小綠在小學中年級轉學到人數比較少的自學團體，轉換環境後，小綠的人際衝突明顯改善，因為小學校的人比較少，環境也相對比較自由彈性。小綠表示：「公立學校的設計會強迫你不得不跟一群人在一起！對我來說，就比較容易和別人發生衝突。」

小綠國中時選擇回到公立學校，過去的人際衝突又不斷出現，甚至比國小階段更嚴重。在衝突中，小綠曾經想拿椅子砸同學，甚至想要拿玻璃碎片去攻擊同學。小綠說：「沒事我不會去弄人家，但他來搞我，我會跟他鬧到底！我會讓他每週上兩次學務處，今天即使被記過，我也要搞到你，而且我會用他的方式把你嗆爆。」

老師的處理方式也讓小綠覺得不滿，他**覺得老師總是偏袒其他學生**，遇到事情常常第一時間就認定是他的問題。小綠原本想要找機會報復老師的，但是後來國中沒讀完，他就轉到實驗教育學習。

小綠表示自己不會感覺孤單，因為對他來說，他真的不需要班上這些人！在生活中，小綠的網友比現實生活中的朋友更多，因為興趣愛好一樣的人分散在各處。對於班上同學的排擠和關係霸凌，小綠一點都不在乎，他都告訴自己：「是我一個人在排擠全班，不是我被全班人排擠！」

舉例來說，小綠特別喜愛鳥類，他在班上沒有同好，而且很多同學都覺得他是怪咖，甚至會刻意用鳥類的梗來刺激他。因為小綠的反應通常都很激動，很多同學看他反應很大，就更喜歡起鬨，許多時候都是愈提醒愈故意。

對於小綠來說，班上同學不是他需要的人際關係。他說，「我只需要找到跟我有一樣興趣愛好的同伴就可以了，像是網路上有許多社群，都是熱愛鳥類、喜歡動漫的，我在那裡可以找到我的朋友。」

小綠問我：「你這裡有跟我一樣的人嗎？」

我說：「有跟你一樣的人，也有部分跟你一樣的人。比較多的是部分跟你一樣的人，他們不滿意自己的人際關係，但他們內心沒有你這麼堅強。他們想要改變，卻還需要時間。」

曲老師 給爸媽 的便利貼

對於小綠這樣**固著又衝動**的孩子來說，父母親在教養上需要特別注意以下幾點：

①爸媽應該**創造一個穩定的成長環境**，環境中過多的情緒起伏對小綠來說都不是好的影響，爸媽情緒穩定，就能創造一個相對穩定的環境。

②爸媽需要**學習接納小綠，同時也要引導小綠認識自己的特質和接納自己**。被親愛的人接納是非常重要的，小綠在同儕環境中的不順利也會因為得到家人的愛而削弱，讓小綠感受到足夠的愛，能提升他面對外界環境壓力的免疫力。

③小綠**需要有意識的訓練情緒調節能力和培養社會技巧**，這些能力的缺乏也實質影響了小綠的人際關係和學校適應。成長型思維提醒我們，先天缺乏的能力可以靠後天練習來提升，小綠需要更有意識的練習，也需要找到專業且適合他的教練。

曲老師　給老師和輔導者　的便利貼

對於像小綠這樣特質的孩子來說，學校老師與輔導人員在輔導工作上需要特別注意：

①讓**小綠看見自己，引導小綠對自身特質有更多的認識**，因為認識自己是改變

自己的第一步，無論是小綠的固著，或是他對於單一領域的高度愛好，這些都是需要小綠更有意識的覺察。

②藉由這些衝突情境讓小綠**練習覺察和換位思考**：每一次的衝突對小綠來說都是重要的學習機會，小綠需要對其他人有更多的了解，對於一件事情能夠有更多元的觀點，這些都代表著小綠認知的彈性，這部分同樣需要輔導專業引導。

05

孤獨五號：不知道自己到底想要學什麼的小智

小智從小上課時聽講，配合學校的要求讀書，考試把題目弄懂，回到家從來沒有複習功課，高中甚至從來沒有帶過書回家。他的學測有兩科頂標，**很順利就申請上不錯的國立大學**。不過高中以前缺乏探索的他，**讀了一個相當陌生的科系**。

小智上大學後已經休學兩次，一次是因為缺課太多，不得不休學；另一次是很多科目被當掉，直接被二一。小智很篤定的告訴我：「這一次休學我就不會再回去了！不知道自己為什麼要在那裡？覺得自己不屬於那裡，和那邊的人格格不入。」

小智細究自己整個學習的過程，分享了他上大學後的體會和心境上的轉變。

上大學後，小智第一次遇到學習困難。以前的學習都有標準答案，上大學後才發現有很多學習都沒有標準答案，尤其是和繪圖、美術設計有關的作業，自己真的沒辦法。

我問小智：「你遇到學習困難有想辦法解決嗎？」

小智說：「沒有！因為過去我從來沒有遇到過困難，所以我不知道要怎麼解決。」

我和小智說：「通常最快的方式是問別人……你有嘗試去問別人嗎？」

小智說：「沒有！我不敢問別人……」

我問他：「是不是擔心別人覺得你很蠢，連這個都不會！擔心別人覺得你問了蠢問題？」

小智點了點頭。

我問小智：「那你大學有跟同學一起完成報告的經驗嗎？」

小智說：「有啊！有跟同學討論，我也完成被分配到的任務，有一起整理投影片，因為跟別人一組，我不能讓別人的成績因為我而變得不好，如果只有我自己就沒差……不過，我也不知道為什麼我要做這些……這些不是我喜歡的，雖然我也不知道我喜歡什麼……」

我問他：「那你接下來打算換一個學校、換一個科系，還是想要去工作？」

小智說：「應該去工作吧！我不確定我還能不能讀，我覺得我的學習能力可能不夠……」

我說：「你真的被打擊到了，你從小到大第一次遭遇學習的挫折就被擊倒了。你要對自己有信心啊，很多人比你更早經歷學習的挫折，你求學時期大都很順利，但很少人回家不用看書，很少人不帶書回家的。」

我繼續對他說：「你現在遇到挫折，我覺得是好事，很少小孩念書都像你一樣順利，考試拿分數是那麼簡單的。人生的困難還有很多，挫折更是不少，正向來看，這是你人生中的重要經驗！」

至於大孩子提到不認識自己，身邊的人也不了解自己，平時很少有機會和別人說那麼多的話。這些就值得我們好好繼續努力了。

曲老師 給爸媽 的便利貼

對於小智這樣**乖巧、讀書不曾遇過挫折**的孩子來說，父母親在教養上需要特別注意：

①小智的處境對許多人來說應該並不陌生，小智**需要的是更多的探索**，因為他顯然並不是那麼了解自己，在成長的過程中，小智算是一個乖乖牌，但也**因為他的乖，讓大人很容易忽略他真實的需求**。

②小智**缺乏社會技巧**：面對困難不敢求助，甚至不知道如何開口請求別人幫忙。這種情況很常是因為從小大到被照顧得太好，很多時候身邊的大人都幫他把困難排除了，以至於當他需要獨自面對生活中的挑戰時就卡關了。我常提醒父母，孩子成長過程中要**讓他自己練習面對困難**，活在溫室的孩子很容易就會失去面對真實環境的能力。

③小智**缺乏挫折忍耐力**：面對這樣的挫折，小恩很明顯被擊倒了！從小到大鮮少遇到挫折的孩子竟然這樣不堪一擊。小智的故事對很多父母親來說應該是很好的提醒，在孩子成長過程中就**應該有意識的培養孩子的耐挫力**，培養耐挫力就是要讓孩子練習面對挫折，經歷過挫折，孩子才有練習調適的機會。

曲老師 給老師和輔導者 的便利貼

對於小智這樣特質的孩子來說，學校老師與輔導人員在輔導工作上需要特別注意：

①小智有輕微的自閉症特質，擅長回答有標準答案的問題，對於抽象問題就一籌莫展，甚至直接被擊倒。雖然小智已經成年，但是面對困難不知道如何求助，顯然缺乏社會技巧，需要藉由輔導讓他意識到自己的特質，以及這種特質可能帶來的問題，**藉由目標導向的訓練**，讓他**具備更好的社會技巧，同時拉大他對於環境變化**

的適應性與彈性。

②學校環境中有許多跟小智一樣特質和處境的孩子，無論是在什麼年紀的孩子，學校的輔導機制應該都要能及時發現正在卡關的孩子，並給予他們支持與協助。過往的經驗讓我明白，這樣的孩子絕大多數都非常困擾，也渴望被幫助，但是我們的環境總是發現得太晚、太慢，錯過最佳的介入時機，以至於影響介入的成效。換句話說，我們的教育環境不能總是處於補救狀態，而應該更積極的早期就提供這樣特質的孩子支持與協助。

06

孤獨六號：在學校和線上做生意的小恬

小恬從小學二年級開始做生意。他的客戶一開始是學校同學，他販賣的商品從寶可夢卡、魔芋爽、泡麵、飲料到遊戲帳號……不一而足。不到十五歲的年紀，滿口生意經，完全不吝嗇分享自己的經營之道，而創業的本金是他每兩週從爸媽那兒領到的五百元零用錢。

因為吃了很多次虧，也讓他愈來愈懂得保護自己。他每一次交易必定會留下買家的紀錄，除了線上交易的資訊，只要是和買家通話必定錄音。同時秉持完成收款才出貨的原則，而違約金也從一開始的10%調整到現在的25%。最厲害的還是他的進貨管道和銷售策略，無論是魔芋爽，還是遊戲帳號，他總有辦法拿到比市場售價更低的價格，因而能有效控制成本。

舉例來說，一開始他的魔芋爽成本一包五元，他賣一包十元。過了一段時間，客戶反映外面都只賣五元，他卻要十元，等他用更大的量向原產地批發進口，將成本壓低到兩塊多，他就調降售價到每包六元，客戶都很開心，也帶動買氣，有不少人一次買的更多。

抬高售價再打折以及因應消費者反應做出的定價策略和運用人性心理哄抬賣價也讓他能持續在副業獲利。喔，不只如此，他還經營Discord社群，圈養一群會買遊戲帳號的客戶，每個月在群內辦抽獎活動。同時，只要推薦五個人完成帳號消費，他會免費送一個帳號給推薦人。

小恬說：「你知道為什麼週四晚上泡麵能賣到好價錢嗎？」

我回答他：「因為當週已經住宿第四天了，攜帶的補給品也都消耗的差不多了！」

孩子回答說：「沒錯！我最高紀錄是曾經賣出一包五百元的維力炸醬麵。我會讓大家競標，喊價最高者得標。」

小恬也很無奈的和我分享他遇到奧客的經驗，但也因為這些奧客讓他成長許多。小恬因為在學校的這些表現而頻繁轉學，在與客戶（同學）交易的過程，難免會出現糾紛，只要一被客訴，他在學校多半就混不下去了。小恬認為是這些奧客讓他的求學之路充滿波折。

真心覺得這個孩子很了不起，這麼小的年紀就能洞悉人性，體會這些道理。我們常說學校是孩子進入社會的預備場所，但很多的學習環境並沒有那麼接近真實的社會。這個孩子的前途不可限量。大家對於孩子在學校做生意的看法為何呢？

曲老師 給爸媽 的便利貼

對於小恬這樣**早熟且思考靈活**的孩子來說，父母親在教養上需要特別注意：

①平時要協助小恬**建立價值觀**，同時要讓小恬理解，學生時期，絕大多數的同

學自己都沒有賺錢能力，花的錢都是爸媽給的。所以賣同學東西本質上就有一定程度的風險，即便同學想要買，但很有可能爸媽並不同意，容易引起糾紛。

②要讓小恬明白，如果和同學有**過多金錢交易，處理不好就容易影響他在同儕之間的人際關係**，原本單純的同學關係會變得複雜，若是有交易上的糾紛也會讓彼此關係變質，或是衍伸出其他的衝突。

曲老師　給老師和輔導者　的便利貼

對於小恬這樣**早熟且思考靈活**的孩子來說，學校老師與輔導人員在輔導工作上需要特別注意：

①清楚讓小恬**了解學校的相關規定**：學校是否有明文禁止同學之間的買賣交易。若是校規不允許，要能耐心的向小恬**解釋學校的考量為何，而不是單純的用校**

規處分他。

②若是學校並沒有明文禁止同學之間的交易行為，老師可以**讓孩子們一起討論這個問題**，提出同學間有交易行為可能衍生的風險，讓孩子們有機會藉由這個經驗學習。

③**了解小恬賺錢的渴望**，是因為對於金錢有需求，還是尋求賺錢的成就感，這部分值得花時間和小恬進一步釐清。

07

孤獨七號：被保護過度欠缺生活經驗的小海

小海是一個非常乖巧安靜的孩子，面對環境突如其來的變化很容易緊張焦慮，而他的情緒表現非常明顯，是那種旁邊的人一看就知道不對勁的。小海的家人因為他的特質也相對比較小心翼翼，擔心小海受傷受挫折，生活中一直都非常保護他，這樣的照顧也讓小海欠缺生活體驗。

十八歲的小海很多事情都沒有嘗試過，欠缺生活經驗的人在與他人互動時常常不知道要講什麼，別人在談論的主題他也很難回饋或是聽不懂。因此，在團體中，小海總是一個人待在一旁，沒有什麼與他人交流互動的機會。也因為過度保護的關係，小海的生活圈非常小，平時多半待在家，而且是待在自己的房間。他幾乎沒有自己出門的機會，去哪裡都有家人接送，加上家裡有長輩照顧三餐，小海就連吃飯都被家人照顧得好好的。

這樣的生活樣態也讓小海原先的特質更外顯，面對環境的變化容易焦慮緊張，很多事情都沒有辦法獨立完成，需要仰賴他人的幫忙。已經準備上大學的他，就連獨自外出幾天都有困難。因為平時互動的對象只有家人，和少數一些玩線上遊戲的朋友，生活中缺乏與他人交流的經驗，使得小海在與他人溝通時也往往慢半拍，無法流暢地與他人說話。也因為缺少生命經驗，讓他對自己的能力缺乏信心，覺得自己有很多事情好像都做不好、做不到，非常沒有自信。

曲老師　給爸媽　的便利貼

對於小海這樣**被過度保護**的孩子來說，父母親在教養上需要特別注意：

①給孩子練習的機會：不要害怕孩子跌倒就不讓孩子練習走路，愈缺乏練習，能力的培養就愈困難。讓孩子練習，讓孩子練習承擔失敗，讓孩子練習感受挫折。成長過程中，跌倒了才有機會練習爬起來，父母的過度保護只會限縮孩子生命的發展，人際互動能力的提升也是需要練習的。

②多元的探索：孩子成長過程中應該要讓他有機會多元探索，因為興趣和能力的培養都需要實際經驗，覺得孩子辦不到就剝奪他練習的機會，只會讓孩子的能力更難養成。

曲老師 給老師和輔導者 的便利貼

對於小海這樣被過度保護的孩子來說，學校老師與輔導人員在輔導工作上需要特別注意：

①鼓勵突破舒適圈：像小海這樣的孩子很容易被成長經驗困住，他會覺得自己

什麼都不行，很多事情都做不到。對於這樣心理狀態的孩子，需要給他們更多的鼓勵，讓他們能勇敢的踏出第一步。要把這樣的孩子拉出來，**仰賴的是彼此信任關係的建立**。

②**創造練習的機會：**剛開始嘗試一定是困難重重，但是**經驗是孩子最好的教練**，創造安全的練習環境，讓孩子有機會慢慢突破自己，改變原先的生活模式。

③**建立成功的經驗：**成功的經驗會帶給孩子信心，想辦法讓孩子願意突破時有機會能有好的表現，這些**美好的經驗會改變孩子對自我的認知**，建立正向的回饋和循環。

08

孤獨八號：學習受挫缺乏被看見機會的小東

小東是一個第一次相處就能感受到他**熱情的大男孩**，他喜歡和別人稱兄道弟，希望一群人在一起熱熱鬧鬧的感覺。他平時很注重穿著打扮，整體造型也算是時髦，**給人一種陽光的感覺**。雖說他整個人充滿溫度，但是在學校適應和學習上卻常常卡關碰壁，生活中**總是忘東忘西的**，作業常常缺交，和別人相約也常遲到，甚至有可能完全忘記與他人的約定，這些表現都影響了他的人際關係。

其實小東是願意投入學習的，但因為本身學習能力的落差，加上執行功能表現不佳，也讓他的學習表現不容易達到老師設定的標準。小東的表現是有週期性的，通常在學期一開始展現高度熱情，但是只要遇到挫折，發現自己的表現不如老師期待，他就會開始退縮，不僅作業缺交，常常連課都不願意去上。求學過程中反覆地發生這樣的問題，小東對於學校、對於學習變得愈來愈退縮，因為他覺得自己在這個環境是一個失敗者，怎麼努力都沒辦法成功。

同學們一開始對小東的回應都蠻正向的，但隨著他經常失約放同學鴿子，團體作業也常沒辦法完成個人負責的任務而造成大家的困擾。經過一段時間以後，同學之間的互動也就愈來愈少，使得在乎人際關係、渴望被他人關注的小東覺得學校愈來愈無趣。

曲老師 給爸媽 的便利貼

對於小東這樣**執行功能較差、長期學習受挫**的孩子來說，父母親在教養上需要特別注意：

①小東的學習表現和人際互動其實**存在著執行功能的問題**，所謂執行功能是指一個人在計畫、組織與執行的能力，無論是遲到、爽約或是功課沒辦法如期繳交，都和他的執行功能有關。建議爸爸媽媽試著從醫療的角度了解孩子這方面的特質與需求，配合治療和訓練，幫助孩子改善這方面的能力。

②**主動與學校老師溝通合作**：在求學階段，跟小東有相似特質的孩子在學習與人際互動狀況應該不少，對於這樣孩子的訓練**需要不同情境中的重要他人一起努力**，爸爸媽媽和老師的合作，可以更及時的掌握孩子在學習與生活中的狀態，及早介入訓練。

③**正向教養，以鼓勵替代處罰，協助孩子建立成功的經驗**：小東的特質不僅讓他在學校一團亂，在家平時的生活狀態可能也好不到哪裡去。爸爸媽媽在陪伴時需要保持耐心，避免過多的處罰，因為**這樣的特質並不會因為處罰就消失**，試著陪伴、引導，藉由經驗到的後果重塑孩子的行為，生活中也要思考如何創造孩子成功

的經驗，讓他對自己更有信心。

曲老師　給老師和輔導者　的便利貼

對於小東這樣**執行功能較差、長期學習受挫**的孩子來說，學校老師與輔導人員在輔導工作上需要特別注意：

①思考如何在學校生活中強化他的執行功能：舉例來說，結構化的學習安排、善用工具提醒，把重要的聚會、作業的繳交時間設定在電子行事曆中，協助孩子建立有秩序生活與學習的習慣。

②把握小東最在意的人際互動：我們知道小東是非常重視人際互動的小孩，換句話說，如果老師能善用這個動力，強化與小東關係的建立，讓小東覺得他是受老師重視的，老師是非常關心且在意他的，我相信他對於學習會更投入，願意花更多的時間。訣竅在於**一對一單獨的和小東互動，讓他感受到老師的重視。**

③幫孩子創造舞台，給予孩子表現的機會：小東是樂於表現自己的，但目前在學校生活中似乎很難能讓他展現自己，老師可以多了解小東的興趣愛好和擅長做些什麼，思考他有哪些優勢能與學校學習或活動連結，讓他在學校也有被他人看見的機會。

09

孤獨九號：平時安靜不愛與人互動卻高度敏感的小義

小義**安靜內向**，和家人相處時互動其實就不多，在學校通常也一個人獨來獨往，**社交需求非常低**，雖然口語表達正常，但是**在團體中通常都不開口**，無論是面對同學還是老師，一般都有問沒有答，不過小義有觸覺敏感，**非常排斥與他人肢體碰觸**，這樣的敏感就連家人都很難親近。小義的學習表現還算穩定，不至於成為班上的末段生，因為與他人沒有太多互動，在團體中也不至於造成什麼麻煩。

小學的時候，小義曾經因為老師碰觸到他，氣得把上課教具都弄到地上，和老師發生肢體衝突。面對這樣的情境，小義的家長不認同老師當下的處理方式，不過對於小義的觸覺敏感問題，爸爸媽媽似乎也沒有什麼辦法介入，因為他們平時也很難與小義有肢體接觸，如果不小心碰到小義，他也同樣可能會回擊。久而久之，小義的爸媽也放棄改變小義觸覺敏感的問題。

家人平時和小義也不太有互動，就連交談也非常少，他在家的時間除了讀書，大多數時間都沉浸在網路遊戲的世界，只要放假，小義可以一整個晚上都在玩線上遊戲，過著日夜顛倒的生活。

小義上了高中，一開始都是自行搭乘公車上下學。有一次放學，小義坐在博愛座上，遇到一個乘客請他讓座，但是小義沒有反應，最後因為這位乘客碰觸到他，以致雙方在車上扭打，爆發肢體衝突。這件事情發生後，學校的輔導老師建議小義的媽媽每天接送他上下學。

小義平時的生活大都是媽媽在照顧，為了避免與他人發生衝突，他也刻意減少與他人接觸的機會，也因此，小義的生活圈愈來愈小。

高中畢業的那年暑假，小義參與校外過夜的營隊活動，在活動中，小義因為老師、同學勸誡他時碰觸到他的身體，生氣的小義就拿保溫瓶裝熱水潑灑老師和同學，造成師生一度到三度不等的燙傷，也因此進了警局。雖然在多方協調下，小義並沒有被提告傷害，但他從小到大缺乏與他人互動，缺乏適當的輔導支持，現在他即將進入大學學習，不免讓人擔心。

曲老師 給爸媽 的便利貼

對於小義這樣**社交需求低又高敏**的孩子來說，父母親在教養上需要特別注意：

①適度的增加社會性互動的練習機會：雖然小義本身沒有太多的社交需求，但是人際互動的能力是需要練習的，成長過程中應該給予他適度的社會性互動刺激，讓他練習與他人相處，要讓他知道**可以不喜歡和別人相處，但是不能完全無法和他人互動**。

②引導小義學習排解自己的情緒：因為不喜歡與人交流，又缺乏與他人互動的經驗，小義和他人衝突時的情緒沒有好的排解策略，以致面對外界刺激時就容易產

生過度激動的行為，有可能造成別人不可逆的傷害，所以爸爸媽媽應該要在日常生活中多陪伴小義練習如何排解情緒。無論是小義或是媽媽，都需要在情緒調節上持續學習。

③穩定的接受輔導和訓練：從小義的成長經驗可以知道，從小他的特質就明顯影響他在學校的人際互動，爸媽應該讓他穩定的接受專業的輔導支持，因為這些訓練對小義來說是帶來改變的契機，也可以降低可能對他人產生的傷害。

④誠實清楚的交代成長史：成長過程中，小義有機會參與各式各樣的團體，所以父母應該在他參與不同團體活動前主動告知他過去的成長史，包含小義的觸覺高度敏感的問題，以及他在面對外界刺激時可能產生的一些行為模式。如此，這些不同的團體才可能有機會預防傷害的發生。

曲老師 給老師和輔導者 的便利貼

對於像小義這樣**社交需求低又高敏**的孩子，學校老師和輔導人員在學校需要特別注意：

①協助小義建立最基礎的人際互動能力：小義缺乏社交需求，長期缺乏練習的結果當然就是社會技巧貧乏。在學校環境中要**幫助他建立最基礎的人際互動關係**，舉例來說，當小義遇到問題時可以找哪一位老師求助？學校中有哪一位老師可以固定主動的和小義互動，及時了解他的需求和現況。

②協助小義和同學保持最基礎的社會性互動：在學校除了認知的學習，人際互動的學習也是重要的課題。雖然小義缺乏社交需求，但在學校學習仍然有許多需要與他人互動的環節，像是分組報告、班會、運動會，都與每一位同學有關。以小義的狀態來看，很需要有老師協助引導，讓他能參與和融入。

③**加強法治教育：**小義選擇用報復的手段來回應外界刺激是非常危險的，舉例來說，用熱水潑老師和同學其實是犯法的，很有可能需要承擔法律責任。要讓小義多了解自己行為對他人的傷害和法律知識，讓小義清楚知道行為後果的嚴重性。

10

孤獨十號：與他人互動時常跳針情緒容易過度激動的小牧

小牧是一個**喜愛與他人互動和表現**的孩子，平時活潑外向，活動力也很好，會參與學校的運動社團。小牧的爸媽都是老師，平時也很關心小牧的教育，不過從小學開始，小牧就時常在學校與同學發生衝突。他**生氣時就像變了一個人一樣**，可以說是六親不認，就連老師來勸阻，都需要很長一段時間才能讓他冷靜下來。

小牧的**認知能力不是太好**，對於語言詞彙理解有時候會有出入，加上有**注意力缺陷過動**的特質，不僅是學習，就連在生活表現和適應上都受到許多影響，常常找不到東西，也不記得掉在哪裡。和別人分享事情也常常沒有細節，很多都講不清楚。面對老師的群體指令經常有聽沒有到，因為這些指令對小牧來說就像一連串沒有意義的雜訊。**收拾和整理也是一大困難**，要管理好自己的包包就很不容易了。常常拿了這個、忘了那個，收了這個、又落下那個。包包關了又開，開了又關，反反覆覆，一件事情要花好幾倍的時間才能完成。

在學校，因為他喜歡和同學互動，下課的時候常常黏在同學旁邊。因為**衝動特質**的影響，小牧在與同學互動時說話的頻率很高，有時候話沒有經過大腦就從嘴巴噴出，常常會說出讓人吃驚的話語，有時候夾雜髒話或是會讓人聽起來不舒服的言論。小牧的自覺力不佳，自控力也不好，這樣的表達方式讓和他互動的人很有壓力，就連身邊的人都很容易因為他的高頻率互動受到影響。比較敏感的同學，或是和小牧一樣比較容易衝動的同學，常常會因為他的表達方式受到刺激而有情緒。

有好幾次，小牧在學校和同學一開始只是小口角，後來卻演變成大打出手。對小牧更為挑戰的問題是當他情緒被激起來後，就會像綠巨人浩克一樣變身，學校好幾位男老師面對他的肢體攻擊，簡直毫無招架之力。只要他一發脾氣，身邊的人就很容易受傷。這個問題嚴重影響了小牧在學校的適應，學校的輔導老師也束手無策，只能祈禱他在學校不要受到刺激。

為了預防小牧造成的傷害，學校會在他情緒爆發後的一段時間要求他待在輔導室或學務處不要進班。學校因為知道小牧好動，也特別讓他有機會跟著校隊一起訓練，希望透過運動消耗他的精力。

小牧的父母也很努力的想要幫助他，無論是心理治療或是相關的訓練方案，都盡可能地讓小牧參與，小牧在大家的努力之下是有進步的。不過因為他生氣起來的殺傷力真的很強，學校裡的老師、同學因為看過他發怒後的表現，心裡其實也會害怕，擔心互動時不小心觸怒他，這也影響了小牧的人際關係。同學對待小牧態度的改變也讓他傷心難過，因為他其實非常喜歡和同學在一起。

曲老師　給爸媽　的便利貼

對於小牧這樣**時常跳針又容易情緒激動**的孩子來說，家長在教養與輔導上需要特別注意：

①搭配醫療與訓練提升其核心能力：小牧有注意力缺陷過動的特質，他的生活適應、學習表現和人際關係都明顯受到影響，注意力缺陷過動屬於情緒行為障礙，小牧的父母親應該穩定的讓他接受醫療與相關輔導訓練，強化他的執行功能，幫助他能有更好的生活適應和學習表現，協助他建立自信和自我效能。

②引導小牧覺察自己的人際需求和人際互動方式：小牧喜歡交朋友，但是他與同學互動的方式容易超越界線，因為他的需求強，互動頻繁，也讓和他互動的人容易感到疲乏。小牧需要覺察自己與他人互動的方式容易引起別人的反感，也需要知道隨意發言容易不小心刺激到別人，當小牧能覺察自己的互動模式會造成他人的困擾後，就有機會進到下一個階段的訓練。舉例來說，小牧應該要學習更多元的人際互動方式，理解和同學互動可以談論什麼話題？和同學互動不一定要一直說話，有時候也可以提醒自己多聽聽別人說話。

③藉由情境訓練小牧調節自己的情緒：小牧只要受到外界刺激，造成的傷害往往很嚴重。平時爸媽就要引導小牧練習覺察自己的情緒，哪些刺激會讓自己不高興，每一種不同刺激可能造成的不開心的程度又是如何？面對這樣的情緒，自己可以如何因應，才能降低可能的傷害。小牧需要更多的練習，更多的成功經驗，才會對自己駕馭情緒的能力有信心，面對刺激時才不容易失控。

曲老師　給老師和輔導者　的便利貼

在學校，對於像小牧這樣時常跳針又容易情緒激動的孩子，老師和輔導人員需要特別注意：

①給予小牧在人際互動方面更多的練習和成長機會：小牧很容易在與他人互動時產生情緒行為問題，但這正是他最需要練習的。若能利用學校的正式或非正式課程，在老師的陪伴和引導之下，每次練習時間不用長，有好的互動經驗就可以停

止，幫助他建立與同儕成功的互動經驗，這樣便有機會扭轉他的自我概念。過往，我們可能因為擔心小牧生氣，採取比較保守的方式隔離他，減少他與同儕互動與接觸的機會，但這對有高度人際需求的小牧來說，反而是一種不利的做法。久而久之，他會對學校的人失去信任，也會對自己失去信心，在面對人際互動時發生情緒行為問題的機會反而會升高。

②與小牧建立互信的人際關係：雖然小牧生氣起來殺傷力驚人，但是老師如果能在平時和他建立互信的關係，就有機會在他情緒爆發時介入引導。小牧是可以聽懂別人對他的建議的，在他平時情緒穩定時，老師可以適時分享自己對小牧的觀察，藉由這樣的分享幫助他看見自己的問題。老師如果和小牧建立了互信關係，這個分享聽起來就不會像是指責，也比較容易被他接受。

③保護自身與同學安全，但不要過度使用肢體介入衝突情境：小牧憤怒時的肢體衝突很有可能讓身邊的人受傷，學校老師在第一時間處理時，盡可能先讓週邊的

人和他保持距離，避免被他誤傷。陷在情緒中的小牧多半失去了理智，可能連自己在做什麼都不知道。介入的老師也請記得不要過度使用肢體來限制他的行動，比如不要用力抓住他的手，這樣很容易激起他的反抗心理，很可能引爆他更大的情緒，爆發更激烈的肢體衝突。

④**記得，事出必有因，無風不起浪**：小牧生氣是有原因的，介入處理的老師應該要能掌握事情的來龍去脈，知道他為什麼生氣。如果介入引導的老師能明確說出小牧生氣的點，就很有機會降低他的情緒強度。即便是小牧引發的衝突，但若同學的回應方式不恰當，老師也可以採取同理小牧的情緒，先說出同學的問題，等到小牧冷靜下來後，再談他的問題，這樣的處理方式有機會降低他因為情緒而引發嚴重肢體衝突的可能性。

⑤**建立校內各單位的橫向連結**：小牧受限於本身的學習能力和執行功能，學校學習對他來說本來就是有壓力的，再加上人際互動的刺激，很有可能引爆他的情

緒。面對這種特質的孩子，校內應該有一套應變機制，整合校內既有資源，當他出現情緒行問題時，校內的不同單位應該要同時動起來，主責老師要能及時介入協助。通常我會建議學校針對小牧成立一個線上溝通的群組，在問題發生時，資訊可以有效傳遞。

⑥善用校外輔導資源：老師們可以和校外輔導資源連結，強化對小牧的輔導頻率與強度。若有必要，也可以引入校外資源，建立更完善的輔導機制。

11

他們需要一個貼身教練

大孩子說：「曲老師，你是我的wingman！」

第一次有孩子這樣稱呼我。我去了解後才知道，wingman是「僚機」的意思。僚機（wingman）本指空中編隊中跟隨長機（即隊長機）飛行的飛機，在飛行中要觀察空中情況，保護長機，執行長機的命令。僚機後來被當做網路用語，指助攻、輔助的意思。在現實生活中，僚機經常被用來形容幫助自己在戀愛、約會中加分的朋友。

孩子真是我的老師。為什麼這樣說？因為在教育輔導工作中，會遇到很多教科書上不會告訴我們的情境，我們會需要倚靠智慧陪伴孩子一起找方法。我把這些經驗和我跟孩子的對話記錄下來，希望提供給有需要的孩子、家長和教育工作者參考，讓他們能少繞一些彎路。

▼師徒對話①：講話的語調和音量也會造成誤解

孩子不明白為什麼同學對自己的評價是「自以為是」。相處的過程中他沒有那麼清楚的自覺，直到同學們出現一些不友善的行為，讓他感覺不舒服。

孩子告訴我：「今天放學時我鼓起勇氣和同學們說，我講話有時候很衝，讓大家感覺不舒服，我覺得很抱歉。之後如果還有一樣的狀況，請大家直接告訴我，讓我知道，我會盡量去調整。」

我和他說：「你的行為非常勇敢！很了不起！」

接近兩個小時的對話，我發現孩子能細數從小學一年級到國中一年級與同學相處的矛盾與衝突。換句話說，他是有能力覺察、反思和整理的。

談話結束前，我分享了自己對他的觀察：「你的表達方式比較直接，可能老師在問問題時，你會的時候就會直接把答案講出來，這樣的行為會讓別人感受到壓力。

因為別人可能不會回答，你卻講得很好。對方可能會自卑，覺得不如你的地方就會轉化成某種情緒回到你身上。」

我繼續說：「我還有另外一個重要發現，就是除了表達的內容會讓人感到不舒服，建議你花點時間關注自己的語調和音量，這也有可能是造成別人對你產生誤解的原因。」

孩子不太理解我這段話的意思。

我試著解釋給他聽：「就像從剛剛到現在，我們兩個在聊天，老師感覺到你是放鬆的，我相信剛剛說話的方式應該跟你平時差不多。你看到旁邊那裡有坐人吧？剛剛我們談話的內容，當我說話的時候，他們基本上應該聽不到，但你說話的音量卻可以讓他們從頭到尾都聽得很清楚。」

我接著說：「這樣就會讓人誤解你，覺得你很自以為是，因為你講話很大聲，別人可能會以為你很跩，什麼都要講給大家聽，但其實你並沒有這樣的意思。從今天開始，你可以試著調整一下自己在班上說話的音量和語氣，應該會有很大的改變。

我覺得這些能力提升都需要有專業的生活教練協助，我們可以一起努力。你幫我一個忙，從現在起，平時多觀察同學們的互動和反應，尤其是和你有關的爭議或是衝突，練習把過程記錄下來。」

結束談話前，我特別再次鼓勵這個孩子的勇氣！

曲老師 給親師 的便利貼

孩子為了融入群體而勇於揭露自我，努力調整自己，這是非常不容易的一件事。我能感受到他想要改變的決心，我對他有信心，請爸媽和老師可以跟我一起陪他加油。

▼師徒對話②：同理孩子的處境是重要的，試著站在孩子的角度看問題

孩子說：「曲老師，我的手動得比腦袋快！常常想到不能打人都已經打下去了……」

我告訴他：「這是正常的，因為同學罵你，你心裡覺得不舒服，打人這個行為是你的心在控制的，心裡覺得委屈不爽就出手了！這個行為跟腦沒關係……不過，我們仍然可以想辦法改變現況。」

孩子說：「媽媽有教我，希望我不要打人，像是唸阿彌陀佛，或是練習想想其他事情轉移注意力，也可以立刻離開現場，不過，到現在我很少成功。」

我說：「我覺得媽媽教你的都是有效的方法。這不完全是你的問題，因為如果別人不刺激你，你也不會動手打人，對吧？所以刺激你的同學也要負一部分的責任，不能全部都怪你。」

孩子說：「還是曲老師你了解我！」

我說：「如果是我面對這個狀況，我會試著先把事情的經過寫下來，完整寫下來是幫助整理自己的想法，整理自己的感受。整理完之後，我會試著找自己信任的對象分享，把這個事件說出來。」

我接著說：「整理的目的是幫助我們更了解自己，也更了解自己的處境。說出來是一種抒發，幫助自己發洩和排解不舒服的情緒。」

我和孩子談話後特別提醒媽媽，請她嘗試跟班導師溝通，讓班導師能理解孩子的處境。

曲老師 給親師 的便利貼

孩子不會無緣無故發脾氣，打人的行為當然不對，但只聚焦在他錯誤的行為卻完全忽略他行為的成因，孩子心裡會不舒服，更容易激起反抗心理，老師要介入處理就會變得更困難。

面對這樣的情境，第一時間要讓孩子覺得自己是被理解的。建立起這樣的互信關係後，後面什麼都好說，他也會願意面對自己的錯誤。教師工作忙碌的日常可想而知，但面對這個情境，老師愈希望「有效率」的解決，往往只會事倍功半。

▼師徒對話③：身體界線很重要，情感教育需要有意識的教

和在海外的大孩子對話，距離上次碰面已經兩年多了。剛認識他的時候，他還是還沒上國中的可愛小男孩呢。兩年多沒互動，電話那頭的他顯得有些緊張，從他說話的方式就知道，他用不間斷的說來掩飾他的不安。我沒有主動提及他的問題，雖然他清楚的知道為什麼我們會在這個時刻通話。

他對我撒了個謊，告訴我離開原本的學校是因為自己不適應當地的天氣。我沒有戳破他的謊言，因為我知道他需要在我面前保留一些面子，我們的對話才能持續下去。我試著關心他的生活，聽得出來他很努力的交待近況。

我試著從文化的角度切入，希望聽聽看他對於國外生活模式的觀察，對於外國人的互動方式和習慣的理解。同時也鼓勵他分享目前遇到的挑戰和瓶頸。這段期間他被人與人互動的界線問題所困擾，被學校開除，在新的學習環境陷入困境。

大孩子和我坦白自己有人與人之間界線的問題，我引導他敘述了一些這段期間發生的事，但他最終的結論都是「要和別人保持距離，要注意人與人互動的界線，

不能和別人有肢體上的接觸。」「不然別人會不高興，媽媽也會生氣。」

我對大孩子說：「喜歡別人是正常的！接近成年的你開始喜歡別人是正常的，你希望讓別人知道自己的情感，這也是正常的，只是這樣的互動有許多細節被你忽略了。」我接著告訴他：「你對剛認識的人這麼直接的表達情感，只會嚇到對方，你跟對方說你愛他，想要擁抱他，這樣只會把他嚇跑，或是讓他覺得你在騷擾他。」

大孩子聽我這樣說了之後似乎比較了解了。他反問我：「所以是我和對方認識的不夠久？他才覺得我在騷擾他？」

我回答他：「有時候也不是認識得久就可以進展到下一個階段的關係。過去你可能也曾經因為別人比較友善或主動跟你說話，就覺得可以進展到下一個階段，這樣都很有可能讓你自己惹上麻煩。」

大孩子說：「我以為對方對我友善或是主動跟我說話就是對我有好感。我才會對他說這些話……」

我說：「這的確是人與人互動的難題，這個界線有時候是模糊的，也有可能隨著兩個人的關係改變而產生變化，也可能會隨著情境或是文化不同而有所差別。我想，未來你都需要更謹慎，如果有想要和對方進展到下一個階段前都需要再確認，雖然聽起來很蠢，但這的確是保護自己的方法。」

接著我們討論了生理需求。我建議他要培養固定的運動習慣，面對自己的生理需求，可以試著用自慰的方式排解。我也分享了過去幾個大孩子的生命經驗供他參考。

大孩子聽著聽著開始提出自己的疑惑。他問我什麼時候才能和自己的對象發展親密關係？是不是只要十八歲以後就可以？還是一定要等到結婚之後才可以？

我對他說：「並不是十八歲之後就可以，反而是之後才更要小心，因為你要為自己的行為負完全的責任。」

大孩子說：「今天這樣和你談一談挺好的！之後如果遇到這些問題，我會再找你討論。」

曲老師 給親師 的便利貼

從我跟孩子的討論可以知道，孩子在成長過程中會有對親密關係和生理的需求，這個大孩子的某些行為的確和生理需求與慾望有關，但他在生活中並沒有人會和他討論這些事。他平時討論這些問題的對象多半是媽媽，我鼓勵他也可以找機會和爸爸聊。

男女的生理構造上的確存在差異，所以親師也要留意性教育和親密關係討論時的區別。我們也該讓大孩子知道，要記得適時的求助軍師，如果想要和別人發展進一步的關係，或者對他人有好感時，可以先找信任的人談一談。

▼師徒對話④：引導孩子在日常生活中練習表達自己的感受

孩子突如其來的怒吼：「你別再問了！」

雖然我們才認識沒多久，但這是我第一次看到他這一面，雖然被咆哮，但我知道孩子是在讓我知道他的不舒服，而這樣的狀態並非他所願。

不知道為什麼，但我能感受到他的不舒服。

我想了解的是他為什麼莫名發怒，並且對夥伴們有些不恰當的舉動，這些舉動也可能傷害到別人。

不知道為什麼，但我知道他並不想這樣做！

我試著和另一位夥伴拉出一道防火牆，隔開他有可能針對的對象，把他們分配給團隊中不同的老師保護。

這個孩子走到隊伍最前面，並且示意不希望有任何老師以外的人靠近他。

我覺得他能有這樣的策略是好的，雖然是在我拉出一條防線後，但能有這樣的自覺與行動仍值得嘉許。

腦袋中不斷浮現一個聲音：「孩子還需要時間！我們不要讓這個情境惡化，給他時間和空間平復這個情緒。」

我試著從其他孩子的說法拼湊出這個情緒的源頭，雖然沒有人說得清楚，但從不同孩子的猜測以及對這個群體的觀察，我對事件大概已經能掌握大約百分之九十。

我對其他好奇的孩子說：「他需要時間和空間整理自己的情緒，我們現在不要打擾他。」

同時，我也對被他弄到的同學道歉，我對那幾個孩子說：「老師先代替他跟你們道歉，老師沒有保護好你們。他的狀態不穩定，但他並沒有想要傷害你們，等他冷靜之後，我再請他來跟你們道歉。」

等孩子情緒穩定下來，我知道了原來是他覺得新結交的朋友被他人搶走，感覺自己被冷落，有一種莫名的失落感。這樣的情緒無處發洩，只好找搶走自己朋友的人出氣！

冷靜後，孩子跟我說：「我從小一不高興就會打人！每年都有一個特別嚴重的衝突。」

我繼續追問：「都是什麼樣的狀態讓你不高興？」

孩子說：「不知道，我真的不知道！說不出來……」

我能理解他所謂的不知道，他並沒有辦法說出自己的感受，他不是裝的，是真的沒有辦法。

練習說出自己的感受，這是基本功。

曲老師 給親師 的便利貼

有些孩子不擅長分享自己的感受，這樣的孩子容易用肢體行動來表達情緒。表達情緒的基礎是覺察和理解，爸爸媽媽和老師平時就要讓孩子有機會關注自己的感受和情緒，藉由生活情境的引導讓孩子覺察、辨識、整理和分享自己的情緒變化。（可以參考《曲老師的情緒素養課》一書。）

情緒是自然的，所有的情緒都是中性的，沒有對錯！大人要能有智慧的區辨情緒與行為之間的差異，任何的情緒都有可能產生負向行為，但我們要讓孩子知道，行為是我們可以選擇的。面對外在的刺激，我們要有能力選擇如何回應，練習接納自己的情緒，穩定的回應外在環境的刺激，這是重要的能力，而大人的身教是最好的教材。

▼師徒對話⑤：試著順應社會的期待，練習跳脫自己的角度看問題

太聰明和太有想法的孩子在生活中也會遇到困難，因為他們對於外在環境試圖控制自己會產生抗拒與懷疑。

很高興能聽見孩子的自我敘說，一次比一次清晰，用更多元的角度、更寬闊的視野看待自己的生命經驗。

誠懇的揭露自己的不足與困難，需要多麼大的勇氣？更讓人欣喜的是自我解嘲的幽默感，能轉化他人眼中的這些不堪。

這些年來，跟絕大多數的孩子晤談後，我都能快速彙整資訊並理清整個脈絡，但這個孩子是例外，或許是對談的深度、他的表達方式，抑或是議題的複雜度。不過，我們的晤談後勁很強，總能激發我再一次梳理彼此共同的生命經驗。

他覺得人很容易被操弄跟影響，自己對於這件事非常抗拒。而在這一次的對談中，他把這個歷程說得更清楚。他卡在自己不想被操弄，希望避免自己被操弄。但是整個大環境基本上就是一個催眠的過程，像是別人覺得你是什麼……覺得你應該要

完成什麼才行……

大孩子說：「大多數人，經過一段時間之後，當你試著相信身旁的人的說法，你就會開始，或是努力嘗試那樣做，也會在過程中獲得滿足感和成就感，而這些努力之後的『改變』就有可能逐漸成為你的一部分。」

我問他：「雖然人生沒有再一次的可能，但如果再選擇一次，你會做一樣的選擇嗎？」

大孩子說：「應該還是會吧！雖然做其他選擇應該會對現況更好。因為在這樣的環境很容易焦慮，會提早煩惱很多事。覺得這些年我吃了很多苦，很多辛苦是別人未來才會經歷的。像是我知道自己的龜毛在生活當中很容易卡關。尤其是那些沒有標準的事情對我來說更是困難。還不那麼了解自己的時候，通常會覺得我做不到的別人應該也做不到吧，後來才發現，其實別人都做得到。這個時候就會產生自我懷疑，開始焦慮。」

我回應說：「我能感受到你現在心理狀態的平靜。」

大孩子說：「因為現在沒有時間胡思亂想啊。剛剛跟你談話前，我在想微積分的事。」

我問他：「那現在的你有什麼策略？」

大孩子說：「遇到事件就直接分析，跳脫自己正在面對這件事情的角度，像是在看別人的問題。這樣可以幫助我行動，降低這些事件對自己產生的（情緒、糾結）影響。」

曲老師 給親師 的便利貼

早熟又富有批判性的孩子在成長過程中很容易陷入糾結，甚至產生焦慮與憂鬱的問題。陪伴這樣的孩子長大是辛苦的，生活中常有機會充斥各種不同的情緒和不如預期的事，大人最重要的是把自己的狀態整理好，穩定的陪伴孩子一起面對。

這樣的孩子需要大人的引導，他在同學眼裡可能是怪胎，在環境中也可能出現各種不適應和格格不入。他們對於人生充滿好奇，會主動思考活著的意義，他們就像一個小哲學家，需要有一定生命歷練的大人從心理、從思想上深度的陪伴。

▼師徒對話⑥：試著和信任的人分享可以減輕壓力

和大孩子談心，希望鼓勵他練習整理和揭露，整理的前提是覺察，知道自己的想法和感受。

我們鎖定了一件上週發生在我們之間的事：那天原本約好要談話的，但約定時間到了，大孩子卻沒出現，後來只好跟媽媽討論。

我好奇的是孩子被什麼事件影響而沒有出現？

在我主動跟孩子分享自己的近況後，大孩子也接著開始說。他感覺沒辦法靠自己完成那件事，似乎勾起了過往不好的回憶。那種無能感，無法專注完成事情的無力感再度來襲，也讓他整個人當機。

我邀請孩子再回憶整個歷程，當機的那天發生了什麼事？希望能從這些細節中挖掘出他的想法和感受。

大孩子說：「其實這樣的壓力，除了自己的無力感之外，真正讓我當機的不只是壓力，也不是媽媽，而是爸爸。」

這是過去從來沒聽他說過的。

大孩子說：「我當機的那天，爸爸唸了我三十分鐘，他一直重覆講我知道的事。一直到我告訴他，我想死，他才停！」

我試著釐清：「爸爸給我的感覺是溫和的？」

大孩子說：「在我憂鬱前，他就是這個樣子了。過去他在學習上給我的壓力非常大，他會一直重覆說我知道的事。」

談話之後，大孩子告訴我：「我認為我是挺了解自己的，但不一定說的出來。」

我的回饋是：「所以有人引導是好的。」

曲老師 給親師 的便利貼

很欣賞孩子有能力這樣整理和分享，梳理內在的想法和感受，會讓自己比較平靜。**練習和別人分享可以是排解壓力的策略**，就像煮開的水一樣，把蓋子打開有其必要。

另外，也要提醒爸爸媽媽和老師們，與孩子互動要適時覺察孩子的情緒變化，平時和孩子相處時就要培養自己的觀察力和敏感度，當孩子的情緒壓力已經到達臨界點時，你的任何一句話、任何一個舉動都有可能成為壓倒駱駝的最後一根稻草，不可不慎。

師徒對話⑦：被討厭的勇氣

過度重視他人觀感的孩子在人際互動中容易流於討好，為了贏得關係，選擇犧牲真實的自己，但這並不是健康的交往。

我問孩子：「你是不是很擔心別人討厭你？」

孩子說：「我不希望別人討厭我，但是他們沒有真正的討厭我，只是希望我變得更好。我已經有在改變了，但還達不到他們的標準。」

我說：「你的改變不應該是為了迎合他們的標準，你的改變應該是為了讓自己變得更好，你也覺得這樣的改變是舒服的，是不委屈的。我們舉一個例子吧，如果有一個人說話很直接，他旁邊的人覺得他講話太直接，你覺得他應該選擇改變嗎？」

孩子答道：「應該要改變吧。」

我繼續說：「可是這個世界上也有喜歡直接的人，也有很多人覺得跟這樣的人相處很簡單，很舒服。他如果改變了，另外這一群人怎麼辦呢？」

我和孩子說：「真的把你當朋友的人會接受你真實的樣子。當然，老師這樣講不代表要你都不聽身邊人的意見，老師希望你能勇敢接受別人對你的看法，如果改變可以讓自己變得更好，我們就努力調整自己，而不是為了迎合別人！」

謝謝孩子在對話後寫下：「我的改變不是為了討好別人！別人討厭我沒關係！」

每個孩子的社交需求不同，對於過度在意人際關係的孩子，很有可能在成長過程中刻意的迎合別人，委屈自己，爸爸媽媽和老師們在生活中可以留心，孩子是否會過度從眾，或是缺乏獨立思考的習慣人云亦云。

陪伴孩子一起檢視他的人際關係，**讓孩子理解，不是所有人都值得我們跟他交往，也不應該放棄自己的個性、愛好**，就為了混進人群之中。試著和孩子分享自己面對群體的經驗，會遇到什麼困難？有什麼樣的矛盾與掙扎？不要忘記，我們也都年輕過。

▼ 情緒調節是影響人際關係的關鍵能力

孩子在成長過程最需要的是一個貼身教練，一個wingman，是他們信任的對象，讓他們能放心的敘說自己生活中發生的事和遭遇的困擾，這個貼身教練**可以是孩子情緒的出口**，陪伴他們**有意識的練習梳理自身的情緒和想法**，刻意的整理會讓孩子身心保持穩定，在面對外界刺激時就比較不容易失控、失序，情緒調節能力對於人際互動有關鍵性的影響。

情緒調節能力是可以藉由訓練進步的。成長型思維告訴我們，只要學習、願意努力，明天的我們都可以比今天的我們更好。大人也需要有能力面對自己的情緒，試著更清楚的理解，什麼是情緒的全貌？

▼三種調節自己情緒的方法

在《情緒的三把鑰匙》（*Emotional: How Feelings Shape Our Thinking*）書中所提及的觀點和我在《曲老師的情緒素養課》書中有許多相近之處，都希望幫情緒正名，希望讓社會大眾能從更多元、更正向的認識情緒。每個人在處理、解讀資訊時，不可能不涉及情緒，也不該不納入情感。情緒不該是理性思考的敵人，而應該是協助思考的工具。

想辦法讓意念凌駕情緒，人之所以為人，是因為人會調整、增強、假裝或壓抑情緒。而調節情緒有生理上的好處，也有心理上的益處。接受、再評估和表達是我們可以應用的三種方法。

一、接受

不要用情緒來回應超出自己能控制的事物。舉例來說，突如其來的大雨毀了野餐計畫，但我們不會對老天爺生氣，因為我們根本拿祂沒辦法。但是我們卻經常為了別人的錯而生氣，要想控制或改變他人，就跟祈求老天下雨或放晴差不多同樣不切實際。

若擔憂的事物完全不在自己的控制之中，那就告訴自己，這件事對我來說毫無意義。如果能真心接受這樣的信念，就能避免或減少許多耗費心神的情緒事件。若我們能接受隨時可能發生最糟糕的後果，並且把全副注意力放在如何正面回應這種狀況，就能減輕情緒上的痛苦。

二、停頓：再評估與轉念

情緒反應啟動初期，大腦會經歷一段理解事況的過程，心理學家稱之為評估。有些評估發生在非意識層次，有些則由意識腦完成。如果我們對每一件事能有不同看法就有機會引發不同的情緒，試著練習用「能導引至我想要的情緒」的方式來思考問題。

調整大腦解析事理的策略是一種人為短路，讓我們跳過不想要的情緒。心理學家把這種引導式思考稱為再評估。再評估是在逐漸形成的念頭中辨識出可能的負面模式，將其轉化成比較令自己渴望或嚮往、不超出事實範圍的思考方式。因為我們有能力選擇並決定為生活中的種種情境、事件、經驗，並賦予意義。

丹尼爾．康納曼在《快思慢想》中提到人有系統一和系統二兩套獨立運作的決策系統。系統一是以非意識為基礎的快思，能夠處理大量且複雜的資訊，系統二則是涉及意識思考的慢想，受限於一定時間內能考量的資訊量。

在快速複雜變動的世界中，快思是成功的基本要件，情緒能在非意識層次援引過去經驗，扮演雷達的角色，指引我們該專注的方向、形塑自己對威脅和機會的見解。在情緒調節之下，過去的資訊和結果穩定注入非意識腦，形成直覺，讓我們能迅速選出最恰當的行動。**調節情緒第一步也是最關鍵的一步是自覺。**每個人都有辨識及觀察自我感受的能力，大多數人只願意，都會發現自己做得比預期的還要好。

三、表達：書寫與分享

詳細描述自己的感覺，毫不掩飾的寫下自己的感受。光是能表達自己的感受就已經解決問題了。這個方法能幫助我們快速克服疲憊無力的憤怒，重新專注。

討論情緒，把感受寫下來。跟信任的朋友或是對當事人而言有意義的對象（特別是有過類似經歷的人）討論情緒，效果更好。另外，找對談話時機也很重要，暴露自己的感受雖然重要，但也可能很嚇人。

在心理學研究中會把談論和書寫感受稱為貼上情緒標籤（affect labeling）。聊聊感受能活化大腦前額葉皮質，降低杏仁核的活性，表達不滿情緒具有良好且持久的影響。**重視且珍惜自己的情緒，試著了解專屬於自己的情緒特徵。**一旦有了這份自覺，就能更好的管理情緒。

▼高敏感是負擔，也是一種天賦

這裡要特別提一下高敏感孩子的情緒困境。敏感的孩子在成長過程中特別辛苦，因為他感受到的比別人更多，當他還不具備良好的調節能力時，這些感受就會成為困擾。一句話，一個舉動，都可以讓他們想好久好久。面對這樣的自己無需自責，不要給自己額外的壓力！常會有人跟他們說，「是你自己想太多了，不要想那麼多就沒事了……」

不過很多人都搞錯了，感受不是思考，對於高敏感的人來說，這些感受是無法避免的。接納自己這些感受，無需抵抗，屏蔽、忽視只會扭曲原本單純的感覺。

高敏感的人需要有意識的區辨這些感覺從何而來，練習將這些感覺分類，有些感受無需理會，就讓它淡淡散去，有些感受則需要被照顧，需要被理解。練習原諒釋懷是重要的，旁人的無感不是他們的錯。

高敏感的人需要花時間釐清這些感覺，梳理自身的狀態，覺察、反思與獨處是必要的，找到信任的人談一談，有些時候也會有幫助。**和高敏感的孩子對談，有些事無需說明，點到為止即可**。你懂他的明白，他會感謝這份體貼與用。

第三部 練，大家一起學：處人、處己、處環境

社會性互動與溝通、社交技巧與人際互動能力在社會科學領域一直都是被廣泛討論與重點研究的主題，因為這些能力和我們的生活適應息息相關，甚至對一個人的發展與成就有著決定性的影響。

我們可以從認識自我到理解他人等不同面向更深入的解構社會技巧的內涵，這樣的訓練絕對不僅僅是認知性的學習，更重要的，是實戰的練習與持續性的經驗累積，能力的提升沒有捷徑，就是練習、練習、再練習。

01

社會技巧缺陷和訓練

很多人認為社會技巧是每個人天生內建的能力，其實不然。當然，在成長過程中透過觀察、模仿等潛移默化可以自然積累一些經驗值，能力或多或少也會提升。不過，如果數學、邏輯、自然科學、推理值得我們花時間學習，甚至刻意練習，那麼社會技巧、人際互動的重要性並不亞於這些被列為學科的課程。

▼社會技巧缺陷

一九八一年法蘭克．格雷沙姆（Frank Gresham）根據亞伯特．班杜拉（Albert

Bandura）的社會學習論提出社會技巧缺陷說（Social Skill Deficit Theory），認為社會技巧缺失和行為問題是造成孩子在學校適應困難的主要原因，後來有許多實證研究也呼應這樣的觀點。

格雷沙姆認為社會性互動困難是因為社會技巧在三個面向上有問題，分別是獲得的缺陷（acquisition deficits）、表現的缺陷（performance deficits）以及流暢缺陷（fluency deficits）：

①**獲得的缺陷**，是指孩子未具備社會技巧的行為清單。像是缺乏社會人際知識、線索覺察、練習機會。

獲得缺陷的原因包含情感、認知、行為等因素。像是低估自己的社會能力、低估表現的期待、負面的內在語言和負向結果的預期，這些因素容易造成焦慮和引發逃避行為。

②**表現的缺陷**是孩子具有社交意願，但是在某種或某些社交情境中卻無法展現，簡單來說，就是孩子知道但無法表現出來。

影響表現缺陷的有情感因素，舉例來說焦慮、憤怒會妨礙適當的社交表現。而認知缺陷或扭曲會造成社交資訊的解讀錯誤。

③流暢缺陷是指孩子有想要做好的動機，也知道該怎麼做，卻表現得不夠熟練或笨拙。

格雷沙姆認為，社會性互動困難也受到行為問題影響。而行為問題可以分為內向性與外向性，內向性問題是指容易感到焦慮、悲傷、寂寞或低自尊的傾向；而外向性問題是指經常表現侵犯性的行為、無法控制的脾氣，以及容易和人產生衝突。

行為問題會干擾社會技巧的獲得與表現，舉例來說，令人厭惡的行為會導致錯過與同儕建立關係的機會。而注意力缺陷過動、自閉症特質和有社會退縮、焦慮問題的孩子同樣也會缺乏這些機會。

▼社會技巧好壞影響人際關係和未來表現

格雷沙姆認為社會能力（social competence）為個人可以適切履行社交任務的能力，而社會技巧是完成社交任務所必需的行為技巧。社會技巧的優劣會影響同伴或重要他人對自己的接納程度，同時影響學業上的適應情形。

研究顯示，社會技巧良好的青少年擁有較融洽的友誼、較良好的師生關係與較高的學業成就，心理健康也相對較高。社會技巧同時能預測這些青少年未來的表現，社會技巧好的表現出較高的利社會行為傾向、較少破壞性行為問題和較少使用酒精。

而社會技巧低落與學業成就低落、人際關係困難和行為問題有密切的關係，社會技巧低落的青少年較易感到孤獨、壓力和低自尊，師生關係也容易傾向緊張，容易出現偏差行為或犯罪行為，酒精與藥物成癮的問題也較多。

對有些孩子來說，社會技巧就像國語和數學一樣，需要有系統的學習和不斷練習，並不是在生活中或長大的過程中自然養成的。

▼社會技巧訓練的內涵

很多人誤以為社會技巧在談的只有和他人互動，這樣的觀點過於狹隘。其實與他人互動的基礎是對自我的了解，能夠理解自身的想法、感受，**能夠整理好自己的狀態是和他人互動交流的第一步**，這也是為什麼在談社會技巧時，第一個談的是「處己」的原因。**完整的社會技巧概念是處己，認識自己；接著是處人，理解他人；最後則是處環境。**

①什麼是處己？社會技巧的訓練從與自身相處出發。什麼是與自己相處呢？在和別人互動前，更進一步的了解自己是重要的，了解自己平時的想法，了解自己的感受，照顧好自己的狀態也是穩定與他人互動的關鍵。

社會技巧的第一步處己就是在提醒我們，與別人打交道之前，先好好認識自己，與自己相處。知道自己為什麼會這樣想，知道自己為什麼會有這些感受，知道什麼樣的刺激會造成自身的壓力，這些認識都是我們每個人每一天的重要功課。

當然，只有知道是不夠的，處己的概念也包含善待自己，如果連自己都照顧不好，就更不用說有能力去照顧別人了。生活管理能力、自我照顧能力、執行功能、情緒與壓力的調節能力、這些都是支撐我們能穩定生活的重要能力。處己的層次就是在提醒我們，把自己的生活過好，讓身心保持穩定。

②如何處人？能夠理解他人，並和他人有好的協作能力，這是社會技巧中最常受到關注的面向，大多數人認知的社交就是處人這個層次的能力。

和他人互動時，能覺察他人的狀態，這是與他人互動的基礎，了解別人是怎麼想的，別人是怎麼看的，別人的感受如何，別人在意的是什麼，能這樣**換位思考**是社會性互動中很重要的能力。

除了理解他人之外，也需要發展溝通表達、與他人合作、衝突解決以及在群體中領導他人與被他人領導的能力。社會技巧訓練不只是在探討一個孩子是否能夠和他人交朋友，處人這個層次的訓練是一種社會性能力的訓練，孩子需要在成長過程中學會怎麼樣和他人打交道，怎麼樣和他人一起解決問題，甚至怎麼樣和他人一起生活。

③處環境的重要性：生活中有各式各樣不同的情境，在不同的環境中我們需要面對不同的人，有不一樣的規則和不一樣的文化。社會技巧中特別強調處環境的能力是在提醒我們，**人應該保持彈性**，面對不同的情境應該要能適時的調整自己，適應不同環境的能力是處環境這個層次希望提醒我們的。

對有固著特質的孩子來說，順應環境的狀態改變自己是非常不容易的，也讓他們很可能在不同情境中卡關，無法自在合宜的表現自己。有人會批判「見人說人話，見鬼說鬼話」或是「換個位置，換個腦袋」的表現，不過若無法隨著環境變化，適時調整自己，那麼在人際互動上很有可能會帶來更多的麻煩和困擾。

在社會技巧的訓練中，我們要讓孩子有能力意識到環境的不同，至於要怎麼反應，則可以保留彈性，讓孩子自己去決定。重點是，**孩子要能察覺不同，而非不知不覺的隨意反應。**

社會技巧的訓練是複雜的，影響社會性互動的能力也非常多元，這樣的非認知能力在後網路時代更為重要。許多大人會關心孩子社交好不好，通常是因為孩子可能在學校被欺負，或者是一直都交不到朋友，當這些明確的困難出現時，大人才開始關心，希望能加強孩子與他人互動的能力。這裡還是要再次強調，社會技巧不只是交朋友的能力，它關係到的是自我認識和能力的培養，需要的是能理解別人在想什麼，知道怎麼樣和別人打交道，甚至合作一起解決問題，同時也能因為身處不同的環境，適時調整自己的反應和行為。在知識變得廉價的時代，應用知識和創造知識就變得更為重要，社會技巧是提升一個人創造價值的能力，因為很多困難和偉大的事情都不是一個人就能完成的。

▼社會技巧訓練需要的是實戰經驗

訓練不應該只是紙上談兵，訓練不能只是模擬和演練，需要的是更多的實戰經驗。我們經常聽到，「我的孩子在訓練的時候都能表現得很好，但是真實情境中就是沒辦法反應。」其實這是很多社會技巧匱乏孩子的處境，為什麼練習時可以做到，但是實際互動時卻沒辦法反應呢？

最主要的原因是，真實情境往往比模擬情境來得複雜，真實人生有更多的意外和變化。如果只是公式化讓孩子練習與他人互動，在實際互動時，孩子一定反應不過來。我們常會提醒參與演講比賽的人不要背稿，因為很多背稿的人只要中間忘掉一句話，就接不下去了，道理是一樣的。

人際互動的練習不是要孩子背誦步驟，而是**要讓孩子透過更多的經驗練習**，內

化這些能力。這樣說不是要批判醫院和治療所的社交訓練，對於基礎比較不好的孩子，這些制式化、結構化的訓練，是提供他們在與他人互動時最基本的模板，讓他們透過認知的訓練補足缺乏的概念。

▼建立在真實情境的社交訓練

建立在真實情境的社交訓練，指的是讓社交練習就發生在平時人與人互動的場景中，藉由真實的互動，觀察孩子互動時的表現，進而找出孩子缺乏、或是有待加強的能力，透過覺察、引導反思和培養新的技巧，讓孩子持續在真實情境中透過練習強化社會技巧。

舉例來說，有一次我們外出活動，其中一個孩子看著旁邊的夥伴自言自語，嘴巴唸唸有詞，在集合地點走來走去的大孩子，很誠懇的說：「原來我在別人眼裡是這個樣子！」我肯定這個孩子對夥伴的觀察與對自我的覺知。從別人身上看見自己，就像照鏡子一樣。這在我們的團體很常發生，對孩子們來說是一種提醒。很高興聽見他這樣說，覺知覺察的能力就在生活中自然的養成。

這樣的訓練方式高度仰賴帶領者的經驗，也需要帶領者**有意識的刻意創造練習的情境**。有些情境當然是可遇不可求的，這就考驗著帶領者的彈性和能否有效抓住訓練時機。困難的部分在於相對結構化的訓練，真實情境比較隨機，無法完整掌握訓練時的所有環節。不過，人與人的互動不就是這樣嗎？社交訓練不是要小孩學一千零一招，因為每一個人需要的不一樣：有的人需要練習開口，有的人需要練習培養耐心控制情緒，有些人需要練習更有智慧的說話，有的人需要學會拒絕。孩子需要什麼，我們就教他什麼。我們怎麼知道孩子需要的是什麼呢？當然就要倚靠平時的陪伴和觀察。**最好的教練應該是家長**，因為爸爸媽媽通常是和孩子相處時間最長的人，社會技巧的訓練就在日常，一點一滴的積累，滴水也能穿石。

我常在訓練中和孩子分享對他的觀察，有一次我和一個孩子說，「與你相處到現在，我可以整理三個關於你的核心問題：第一、不知道自己的行為讓別人感覺不舒服；第二、當別人告訴你你的問題，你選擇不聽或是否認；第三、選擇用不好的方式回應，製造更多新的問題。」

簡單來說，這個孩子對於環境的感知能力比較差，不容易察覺他人的感受，對於自己行為可能對他人造成影響，掌握的不是那麼清楚。在環境中就容易引起騷動，也容易變成群體中的目標，因為他對別人造成的影響是真實的。

不過，更挑戰的是當環境中有人直接告訴他實情，他習慣的應對姿態是跳針、逃避、否認，當下他會關閉自己與外界的連結，也讓他很難在經驗後改變，換句話說，他沒有從過去的經驗得到教訓。

他會持續說：「我聽不到、我聽不到、我聽不到……」

這樣的狀態可能源自於愛面子，也可能是他的自我太強，強到沒有辦法接受一點批評或是和他自己不一樣的看法和觀點。最後，更糟糕的是，他的行動會激起他人的反感，「你不知道沒關係，我好好跟你說，你卻一點都不領情。」這種狀態只會讓彼此的關係持續惡化。因為環境的壓力升高，彼此的關係處於惡性循環，當新的刺激出現時，更容易挑起他的情緒。

這個時候他若犯了第三個錯誤，他會選擇用自己本能的方式去回應對方，像是罵髒話、推人……。不好的行為就會再次加深別人對他的反感。持續這樣的互動只會讓彼此的關係愈來愈差。

我鼓勵老師，更直接的讓孩子知道自己的問題。老師平時只要觀察到他在團體中引起別人反感，就需要直接點出來。這樣的直接是建立在互信的關係基礎上，這樣的直接出自於愛與關懷而非指責和批判。我鼓勵老師，持續透過不同的事件讓孩子理解自己正在經歷那個階段，同時透過練習不斷強化孩子對自己行為模式的認知。

曲老師路上觀察筆記

在營隊活動中，孩子示意希望和我單獨談談。我們走離開隊伍，在大家視線看不到的樹蔭下。

他開門見山的說：「我想和你說一說我的情緒！因為我覺得自己快要爆炸了，我想先讓你知道我如果爆炸後該怎麼處理，還有，也想要讓你知道昨天晚上我為什麼不高興……」

我說：「太好了！謝謝你信任我，我有感覺到你不高興，所以剛剛你要敲打石頭，我沒有阻止你，因為我知道你需要發洩。昨天晚上，我知道你不高興，我有請老師們和其他人給你空間，讓你能自己一個人靜一靜。」

孩子說：「對！其實是累積的。昨天我們在舊草嶺古道時，我心情不太好，也想要敲打石頭，但是我們的小隊老師制止我。晚上吃飯時，老師也有給我壓力，要我趕快吃飯……洗澡的時候也一樣，我想跟我的好朋友一起去洗，但是我們需要團隊行動……我是生氣，但還是有理智的……」

我說：「我知道，我感覺得到你昨晚有在控制。我可以幫你跟老師們說，讓大家更理解你的狀態。」

孩子說：「我現在不高興的原因，是剛剛玩獨木舟我們那艘船翻船了，我很緊張就抓了同組的同學，他上岸後對我有些抱怨，旁邊還有一堆人……」

我說：「我知道啊！我也在現場。我覺得他不是真的在抱怨你，我跟那個同學很熟，他不會放在心上的。他那樣說應該有開玩笑的成分在，我們等等可以一起和他聊聊。」

孩子說：「還有！剛剛的午餐雖然是有名的福隆便當，但是我真的不敢吃便當。可是老師一直拿便當逼近我，讓我很不舒服。」

我說：「原來啊！這真的是重要的訊息。我們沒有人知道你不敢吃便當，等等到車站，我陪你去小七買午餐。」

孩子說：「你現在可以陪我跟剛剛講到的人說一說嗎？」

我說：「沒問題，我們走！」

我和這個孩子認識大約半年，一起經歷了一個學期的社會與情緒學習工作坊和週日登山訓練。我很開心孩子能主動說出影響自己心情的原因，願意一起面對一起解決，而不是讓他本能的爆出來。

在爆熱的天氣中，孩子的內心卻能這樣的平靜。覺察就有機會預警，找人說一說是抒發和調節。謝謝孩子的信任，這一切真的不容易！**孩子的改變無法預期，我們應該穩定的堅持。**

02

人際吸引和人際互動

許多研究發現，擁有社交網絡的人比孤獨的人身體健康且長壽，同時更容易感到快樂與滿足。影響人際吸引的相關因素有：時空接近性（proximity）或熟悉性（familiarity）、相似性（similarity）、互惠或回報（reciprocal liking）、外表吸引力，這些在友誼關係中都一樣重要。

▼時空接近性讓你們容易成為朋友

研究發現，愈常見到或互動愈頻繁的人愈容易成為朋友，這就是所謂的時空接近性，或稱為熟悉性。

里昂・費斯廷格（Leon Festinger）等人在一九五〇年進行一個宿舍安排的研究，實驗設計是將麻省理工的學生隨機分配住進十七棟公寓，而每棟公寓中有十戶。經過一陣子後，要求每戶列出最要好的三位朋友。研究結果顯示，有60％的住戶提到的朋友是住在同一棟的人，有41％提到的朋友是自己隔壁的鄰居，而有22％的人提到的朋友是同一層隔兩、三戶的鄰居。實驗結果也發現有10％被提到是朋友的人是住在樓層兩端的住戶，住在樓梯口與郵筒附近的住戶比同層其他住戶擁有更多其他樓層的朋友。

接觸機會多讓人與人的關係變得緊密，但也有例外的可能，因為接近效果不單取決於物理距離，心理或功能距離更為重要。有學者針對這樣的現象，提出另一個名詞：**單純曝光效應**（mere exposure effect），這是指一再接觸或見到某對象，便會對該對象產生好感，這也是為什麼近水樓臺先得月。不過有一點需要特別注意的，是單純曝光效應的刺激對象，一開始必須至少是中性態度；若一開始就被討厭，那麼重複出現只會讓人感到更厭煩而已。

如果希望能和他人建立友誼，時不時的出現在對方面前是必要的。但不要忘記，第一印象非常重要，不要一開始互動就讓別人感覺到不舒服。

▼相似性拉近人與人之間的距離

研究發現，人們傾向於喜歡與自己的看法、價值觀、社會背景或人格特質相似的人，也就是物以類聚和臭味相投。與態度或信念相似的人在一起，能使我們覺得自己是對的，感覺自己受到支持。

大多數的人會傾向維持態度間的一致性，如果今天自己喜歡某個人，但彼此在重要議題上意見不同，那麼，心理上就會感到不舒服，也會因此降低對這個人的好感。當然，我們平時也可能就誇大了自己和朋友之間意見一致的程度。

這也是為什麼朋友關係通常比較容易從有共同興趣愛好的人開始發展，因為相似性會拉近人與人之間的距離。

▼人際間的互惠與回報

人與人之間的關係都是互相的，若我們感受到對方喜歡我們，我們也會比較喜歡對方。因為當我們認為對方喜歡我們時，便會以較友善的態度對待對方，這會使對方也用友善親切的方式回應，並且更喜歡我們。

換句話說，要讓自己比較容易與他人建立關係，一開始就要釋出善意，而釋出善意的基礎是我們對他人的信任。

▼外表吸引力影響第一印象

大部分研究顯示，外表吸引力是影響第一印象的主要因素。外表吸引力高於平均者，比吸引力低於平均者的平均收入多出百分之十至十五。選舉時，候選人的外表吸引力可顯著地預測得票數，尤其是女性候選人。

真的美就是好嗎？長得好看的人，常也被認為具有其他正面特質，例如：較會交際、較外向、較快樂或有主見。因為好看的人容易受到他人較多關注，也連帶能表現出較好的社會技巧。然而，也有許多研究發現，外表與大部分人格特質都沒有關聯，也不保證能健康、快樂或具有高自尊。

美醜是主觀的，外表吸引力是提醒在與人互動前應該先把自己準備好，無論是穿著得體，或是保持良好的衛生習慣，這些都是重要的前置作業，不要在還沒開始互動前就把別人嚇跑了。

▼社會交易理論

除了前述人際吸引的因素外，也有人把人際互動視為一場交易。有些人在與他人互動時習慣計較利弊得失，這樣的算計基本上就是把人際互動視為各種不同價值的交換，社會交易理論就是在探討這種現象。

社會交易理論認為，人在與他人交往時，基本動機是以最小的成本獲得最大的酬賞。這些所謂的成本和酬賞不一定是具體的有價物，也可以包含任何能讓人快樂或不快的事物，像是讚美、滿足、情感、地位……等。社會交易理論認為人對於成本愈低且酬賞愈高的關係，滿意度愈高。社會交易理論通常被應用於解釋友誼或愛情關係的維持和改變。

▼承諾投資模式

影響人際互動的因素相當複雜，甚至有不少學者專家將其理論化，其中承諾投資模式（investment model）就是根據社會交易理論發展而來。承諾投資模式中提到影響特定關係之承諾的三項因素分別是：比較基準（comparison level）、替代比較基準（comparison level for alternatives）和投資（investment）。

所謂的比較基礎是個體預期在特定關係中，可能獲得的得失結果。高比較基準者對關係的期望較高，希望獲得的較多。低比較基準者對關係的期望較低，希望獲得的較少。

而替代比較基準指的是個體預期在其他關係或生活方式中，可能獲得的結果。

若有更好的替代關係，則對當前關係的承諾較低。

若其他替代關係不好或更差，則即使對當前關係不滿意，也較不會離開。至於投資（investment）指的是到目前為止對於原本關係已經付出且無法回收的成本。承諾投資模式認為人與人之間的關係會因為彼此對於投資效益的看法而產生改變。

酬賞	**－**	**成本**	**－**	**比較基準**	**＝**	**滿意程度**
我和小文都喜歡騎重機去跑山。		雖然我們喜歡吃的東西不一樣。		我覺得我們的關係比我預期來得好。		我對我們的關係感到滿意。
滿意程度	**－**	**替代比較基準**	**＋**	**投資**	**＝**	**承諾程度**
我對我們的關係感到滿意。		最近跑山遇到另外一個不錯的妹子……		我們已經交往兩年了……我也花了不少錢在幫小文改車。		我還是繼續跟小文在一起吧！

表 2-1 承諾投資模式之說明。

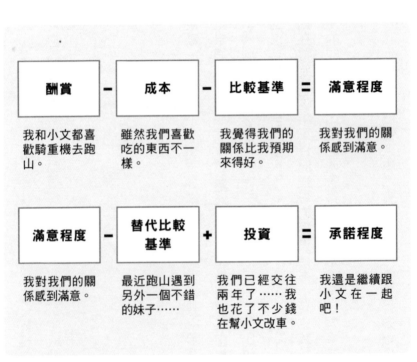

▼除了追求最高效益，也有人在乎公平！

在人際關係相關理論中，**公平理論認為人們在公平的關係中，才會得到最大的快樂與滿足，關係也才會穩定**。不公平時，雙方都會對此狀態感到不舒服。公平是指自己的酬賞和成本之比例和對方相同或差不多。

受益過多者會感覺依賴對方或罪惡感，受益過少者會感覺怨恨或被佔便宜，通常也比受益過多者更不滿意。根據公平理論，人際關係大致可分成兩大類：

①**交換式關係**（exchange relationships）：此類關係中，人們會嚴格要求並期望公平，強調有來有往。例如：這次你請我，下次換我請你。像是生意上的往來、不太熟識的朋友與同事……等，大概都是這樣的關係。

②**共有式關係**（communal relationships）：在共有關係中，人們較重視對方的需求，不會計較一時的公平與否，但仍可能在意長期的公平性。像是家人、好朋友、夫妻、男女朋友……等，通常都是這樣的關係。

影響人際互動的因素相當多元且存在著一定程度的變動性，不同的人際吸引因素影響著我們與他人關係的建立。對於人際互動，有的人在乎公平性，有的人則把與他人互動當作一場利益交換。無論你抱持何種心態，都沒有對錯，人際互動是一場你情我願的遊戲，通常一個願打一個願挨，誰也勉強不了誰。

在生活中，大人可以試著透過這些人際互動理論讓孩子理解人與人之間相處上的眉角，舉例來說，把自己弄得乾淨整齊是贏得關係的第一步；想要跟對方建立關係，就要多找機會跟對方相處，讓對方留下好的印象；生活中看起來的「好朋友」可能只是一種交換式的關係。和自己身邊親近長期相處的人更需要在意彼此的需求，重視生活中的公平性，才能維持穩定的互動。從小讓孩子理解，人與人的關係是需要經營的，再親近的人也一樣，忽略身邊人的感受，會讓自己的關係與生活陷入麻煩。

曲老師路上觀察筆記

有些孩子很明確地拒絕被輔導，要與這樣的孩子建立關係時通常非常困難。面對這樣的情境，我會試著想辦法與孩子建立關係，最常見的策略是「投其所好」和「交換」，這就是前面提到的人際吸引和社會交易理論。除了贏得孩子的好感與信任外，也要讓孩子感覺在這樣的互動關係中自己「賺到了」！

簡單來說就是給他好處，透過這樣的互動關係爭取時間，甚至換到我需要的「東西」，舉例來說，有一個孩子一開始很抗拒與我對話，但我知道他喜歡吃美食，因此，後來我們都是約在餐廳見面，每一次碰面都讓他挑選一家自己喜歡的餐廳，我們的對話就在一餐飯的時間中完成。

以往有不少家長詢問，孩子不願意分享自己的事情該怎麼辦？我通常會建議大人應該先分享自己，**拿自己的故事去和孩子交換**。

03

容易影響人際關係的表現

社會性互動是一種複雜的能力，牽涉的層面也相當多元，從個體到互動對象，甚至這群人身處的環境，都會對社交情境產生影響。就因為這麼複雜，才讓許多人陷入人際關係的困境，被這樣的問題所困擾。

對於個體，從格雷沙姆的理論可知，影響人際互動品質的主要因素是個體的社會技巧缺失和其本身的行為問題。其實我們可以從一個最簡單的問題出發：在成長過程中，什麼樣的表現會影響人際關係呢？

①**衛生習慣不佳**：常常蓬頭垢面不修邊幅，衣服很多天都不換，甚至散發出異味，讓旁邊的人都不敢靠近，骯髒、噁心通常會成為這種孩子的代名詞。在公開場

合挖鼻孔、手放在嘴巴、吐口水吐痰，這些行為都會阻礙人際關係。

②生活自理能力差：很多事情都不會做，需要別人幫忙，自己的座位一團亂，東西永遠找不到，在任何環境都高度依賴旁邊的人幫忙。久而久之就會引起同儕的反感，覺得好像什麼事情都需要別人幫忙他處理。這樣的孩子通常自我效能感差，也容易被同學嘲笑和欺負。

③極低或極高的社交需求：對於人際互動需求非常低的孩子，在環境中常常獨來獨往，不太需要跟別人在一起，通常不會主動求助，分組的時候常常是剩下的那一個，在學校就像隱形人一樣，好像有他沒他都沒有差別，存在感非常低。這樣的孩子通常在學校環境的表現不是大好就是大壞，他可能很認真的投入自己有興趣的事，包含有很好的成績表現，不然就是完全跟不上學校進度。無論是哪一種，**都代表著他們對於這個環境的認同感低，對環境沒有歸屬感**。

對於人際互動高度需求的孩子通常不容易滿足，也容易引起同儕的反感。在團體中，這類孩子會不斷地尋求與同儕互動，他們很容易忽略，生活中除了交朋友以外，還有許多重要的事情需要完成，他們總是把人際關係擺在第一位，這樣的生活樣態**會讓周遭的人感受到壓力**，一開始親近的朋友甚至會感覺到喘不過氣，當他人有這樣的感受後，就容易開始疏遠甚至排斥。

④**極高的敏感度**：對於環境的刺激高度敏感，容易感受到環境當中的風吹草動，甚至因為這些細微的變化影響心情，這樣的高敏感在人際互動過程中尤其明顯，也因為自身的警報器靈敏，這樣的孩子是辛苦的，會察覺到別人細微情緒的變化，或是所謂檯面下的訊息，知道的資訊愈多，情境就變得愈複雜。對於心智尚未成熟，缺乏足夠人際互動經驗的孩子們來說，人際互動就會變得相對困難。

⑤**過度完美主義**：給自己的標準非常高，相對的，對身邊的人要求也不低。這樣的人際互動是非常緊張的，容易不自覺的造成互動對象的壓力，這並不代表他們對待他人不好，很多時候可能是太好了，反而讓對方感覺束縛，讓跟他在一起的人喘不過氣來。當然，完美主義的人也可能給互動對象設定高標準，若對方達不到自己的要求，不僅自己心情受到影響，也可能再次加壓，讓對方覺得不舒服。

⑥**社會技巧缺乏**：對於環境的訊息感知能力較弱，想要與人互動但沒有方法，很容易在人際互動的過程中產生問題，造成自己與他人的不愉快、甚至衝突。因為

他們不擅長與他人打交道，也影響了跟他人互動的品質，長時間下來很容易不自覺的限制自己人際互動的機會，但最弔詭的是這樣的人反而是最需要練習的。簡單來說，最需要練習社交的人，社交的機會往往最少。

⑦**情緒行為問題：**一個情緒不穩定的人，人際關係勢必受到影響。因為每個人的情緒行為表現對周遭他人的影響是真實的。這樣說不代表人不能有情緒，而是應該要能有穩定的情緒調節能力，不因為情緒而產生造成環境擾動的行為問題。在成長過程中，有情緒行為問題孩子的人際關係通常都比較困頓，也是教育輔導人員努力想要改變的。

⑧**偏差與犯罪行為：**在學校環境中，常見的有包含偷竊、抽菸、甚至涉及相關法定通報案件的孩子，他們容易因為這些行為被環境貼上標籤，影響自己的人際關係。這是許多通報案件需要被保密的原因。不要說學校，社會大眾對曾經犯錯的人都不一定有足夠的包容度。

⑨**低社經背景：**在孩子還不具備成熟的社會技巧時，家庭的社經背景會影響孩子的人際關係，低社經背景的孩子缺乏足夠的生活經驗。缺乏足夠的資源讓他們在

參與團體時容易「慢半拍」，換句話說，人際互動的經驗受限於家庭的經濟能力。這樣說不代表家庭社經地位愈高的孩子社會技巧一定愈好，但他們的發展機會和刺激絕對比出身低社經地位的孩子來得更多。

⑩少數群體：特教生、新住民、原住民和同性戀，這些在環境中相對少數的群體通常人際關係也備受考驗，去除上述影響人際關係的主要原因，當你是群體當中的少數時，就需要有更成熟的社會技巧來幫助自己適應環境潛在的壓力與排斥。

曲老師路上觀察筆記

聽說這個孩子爆氣起來要三個老師才能壓制，但跟他相處下來，我並沒有這樣的感受，或許是因為環境的氛圍不同，沒有學校環境的壓力，讓我能看見這個孩子不同的面向，更平靜的思索他面臨的困境。

我心裡不斷浮現的問題是：如果孩子在不同的環境有不一樣的行為模式與情緒反應，那我們除了努力讓孩子有更好的情緒調節能力，也不能忽略環境的改變。

相處幾天下來，大略可以想像孩子在團體中的困境。我認為他並不是一個暴力的孩子，大多數問題應該都和他的社會性互動能力有關。

孩子在團體中會隨意發言、插話，而且開的玩笑都還蠻地獄的，是那種真的會刺傷他人的話語。但也可以很清楚的感受到他並沒有傷害他人的意圖，很多話都是不經大腦就衝出口的。

欠缺對人際情境的敏銳度，錯判自己與他人的關係，加上隨意的發言，隨性的開玩笑，很多時候看他和別人互動都替他捏把冷汗。不難想像他在同儕團體中的困境，因為讓人摸不著頭緒，不按牌理出牌的發言真的會給身邊的人壓力，也容易引起他人反感。

我認為這個壓力是會傳染的，當他不自覺的給身邊人壓力，這些壓力也會回到他身上，累積久了再加上一點點小意外就爆掉了。

以上是在我創造的社會技巧學習環境中所觀察的。若能花點時間在學校看看實際樣貌，應該就能確認。

至於孩子情緒爆發的強度為什麼會這麼強？

通常是因為第一時間觸發後被持續催化，簡單的說，就是情境中可能有人無意中火上加油，加上沒有介入有效的緩和策略，事情就愈演愈烈，小事變大事了。

面對孩子的情緒行為問題，我們需要了解行為的功能性意義為何？爸爸媽媽和老師們**要掌握影響行為發生的原因，才能更有效的介入。**

04

保護孩子遠離有毒的環境

影響人際關係的因素除了個體之外，也包含由人組成的環境。在許多人際困境的故事中，我們常可以看見不少「壞人」，學習遠離壞人也是保護自己的重要能力。讓我們一起來看看，這些故事中的壞人多半有什麼特徵吧。

①缺乏誠信，說一套做一套的人：通常這樣的人一開始不容易被發現，但只要相處一段時間後，從他與不同對象之間互動的狀況就可以察覺。誠信原則是說的等於做的以及告知的義務，和表裡不一的人互動時，要懂得保護自己。

②把自己擺第一，只顧自己不顧他人的人：雖然說大多數的人都是自私的，但如果在互動時發現有人永遠都只把自己擺在第一位，任何事情都優先考慮自己的益

處，這樣的人也無需深交。

③花言巧語，阿諛奉承，刻意討好的人：這樣的人通常有多元的人際互動，和很多人都可以打交道，會讓人感覺他朋友很多，很多事情都可以搞定。但其實這樣的交往稱不上穩定的人際關係，若是無法真誠與他人交流，是無法建立互信關係的。

④拉幫結派，不懷好意的人：團體中總會有一些人喜歡搞小圈圈，拉幫結派意味著要鞏固自己在團體中的勢力，若主事者不正派，最好選擇遠離。因為這樣的團體很容易惹麻煩，製造不必要的困擾。

⑤蓄意利用他人的人：和這樣的人交往通常無法建立真實的友誼，這樣的互動關係建立在需求，簡單的說，有利用價值時，對方就會找上門，沒用的時候就一腳踢開，對這樣的人其實不用太過期待。

⑥有不良習慣的人：這樣的人交友圈比較複雜，在人際互動上通常不那麼單純，和這樣的人打交道容易產生不必要的紛擾。近朱者赤，近墨者黑，交友是一種選擇，保護自己永遠比交朋友來得更重要。

⑦不尊重他人的人：一個不尊重他人的人，相處起來一定非常辛苦。從日常生

活相處中可以發現，這樣的人往往表現出看不起別人，不考慮他人，與他人相處時通常我行我素，如果在互動時有這樣的感覺，最好和這樣的人保持距離。

以上這七種人，最好避而遠之，不用把友情寄託在這樣的人身上。有他們在的地方就像有毒的土壤，不適合萬物生長。

在孩子成長過程中，爸爸媽媽**可以扮演孩子的軍師**，引導孩子觀察身邊的同伴，讓孩子理解，不是什麼人都適合當朋友。平時也可以利用社會時事來與孩子分析討論，幫助孩子練習思辨。當然，這樣的互動需要注意一個重要原則，就是**引導孩子發現他人的不懷好意，比直接批評孩子的「朋友」來得有效**，因為直接的批判容易引起孩子的防衛，甚至引發反效果。

曲老師路上觀察筆記

第一次入團的小夥伴，真的是搞得大家人仰馬翻，不難想像他所在學校中老師們的挑戰，以及平時家長在教養上的困難。

如果用最精簡的方式評價他，就是：**我行我素、目中無人！**他真的是活動力超級旺盛，為所欲為，不願意遵守團隊的規範，這些規範都不是什麼嚴格的規定，但要他配合就跟要他的命一樣，抵死不從。老師試著約束他，他就全場飛，跑給老師追。活動中的每一個同學他都可以去戲弄，天不怕地不怕，一點畏懼感也沒有，就像驍勇善戰的戰士。

營隊的第一天，在我們徒步前往舊草嶺隧道時巧遇一隻腳受傷的流浪狗，這個孩子拿起路邊的樹枝作勢要打狗，旁邊的兩個同學見狀衝過去制止。

眼看原本打狗的棍子就要成為傷人的工具，我也跑了過去，預防更激烈的衝突發生。我把棍子搶走丟在路邊，接著抓住這個孩子的手。他不停的用另一隻手攻擊我，我能理解他的憤怒，因為我強制約束他的行動。

一年級小孩能有多大的殺傷力，我們就這樣僵持了好一陣子。我抓著他的手持續往前走，他不停的打我，他打一下，我算一下，慢慢累積到了六十二下。

是的，他打了我六十二下。

走路的過程中，我不停的跟他說，「老師是在保護你！你剛剛的行動惹惱了一群愛狗的人，你試圖攻擊的人也想要找你算帳，你跟著我才安全。」

接下來兩天，我和小隊老師幾乎一天要上演好幾次這樣的戲碼，而且是出現在各種不同的情境下。

這個孩子在犯錯後的第一時間很難被引導，他的大腦被憤怒佔據，讓他無法思考，瞬間就會**啟動戰或逃的模式**，這樣的機制也讓現場老師束手無策。

奇妙的是，第三天開始，有可能是活動的強度讓他的電力有所消耗，抑或是老師們已經和他建立了信任和默契，讓他知道自己在這樣的情境可以如何與老師合作。

但我還是必須說，前面需要付出的代價和時間成本很大，需要極高的理解和耐心，在被他攻擊時，在他無理取鬧時，在他跑給你追的時候……真的，真的很不容易。在激烈衝突的過程中，他甚至對我咆哮說：「我們家的事不需要你管！你憑什麼管我？」

當下，我也很不客氣的說：「我是你老師！你跟我出來我要負責，你當然是歸我管！」

後面幾天，當然還是有各種狀況。不過，事情發生時，他恢復的速度變快了，過程中至少耳朵有打開，心有敞開接受旁邊人的意見。

在互動中，我會適時的給予他選擇，也讓他有台階下，結束這個回合。因為我心裡很清楚，**這樣的互動需要很多個回合，很多被尊重、被理解的經驗，他才會慢慢的相信大人，也相信他自己。**

05

透過科學方法培養孩子的社會技巧

有意識的關注孩子社會技巧的能力，藉由科學方法進行訓練，強化孩子的社會技巧和降低問題行為的發生，將有助於改善孩子的人際關係。在回顧文獻時翻開過去熟知的「教導及豐富社交技巧課程」（Program for the Education and Enrichment of relational Skills，簡稱PEERS），《交友的科學》（*The Sciencd of Making Firiends*）正是善用這個技巧的書，也是我認為對於家長來說易讀易操作的書，我也同步陪著青少年們共讀。姑且將這本書定義為：幫助孩子免於孤獨的痛苦之書吧！

很多人在面對孩子的社交困境時只能憑著直覺反應去摸索，觀察孩子遇到的困難，思考孩子的行為背後有何意義，以自己有限的經驗試著給他建議。《交友的科學》總結過往研究導致社交失敗的行為，並且尋找方法來教導替代行為。經過嚴謹的科學驗證，找出發展與維持有意義人際關係的基本要素，並將這些基本的社交行為設計成易於理解的具體規則與步驟，拆解簡化後的規則有利於青少年依循。

而臺灣的療效驗證研究也顯示，PEERS介入模式改善了社交反應、社會溝通能力與認知，此外，社交焦慮與刻板行為也有所改善，人際覺察缺損與情緒處理障礙亦有減輕趨勢。

人類的社交世界存在著情緒、反應與幽默，行為並不那麼能夠被預測；你無法總是猜對下一秒會發生什麼事。將社交行為解碼為具體規則與步驟，便可以幫助有社交困難、神經系統方面有困擾以及過於敏感的人，為他們破解謎一般的世界。

▼確認孩子的社交動機非常重要

在開始訓練社會技巧前，我們應該先評估孩子的社交動機是強是弱。我們必須誠實面對，坦然接受有些人寧願選擇一個人獨自生活，並給予尊重。也許你的孩子就是其中一員，雖然在這些選擇孤獨的人當中，不乏即使選擇孤獨、仍然有興趣了解如何交友與維持友誼的人，然而也總有一些人滿足於自己的生活方式，不認為友誼有任何實質益處或用處。如果你的孩子不覺得自己的人際關係狀態是一種困擾，對於社會性互動與技巧的訓練不感興趣，那麼大人再努力也是枉然。但對於為社交所苦的人來說，人際關係的問題通常不在於想不想交朋友，而在於不知道怎麼交朋友，那麼系統性的學習與訓練就有其必要。

大約有三成的青少年仍然覺得要發展或維持有意義的友誼關係相當困難，常見原因來自於兩個社交現象，一個是同儕的排擠，另一個是社交上被忽略。如果你的孩子正因為社交問題所苦，要讓他知道，他並不孤單，因為研究指出有三分之一的青少年正為了社交障礙、害羞、焦慮、情緒行為問題、神經發展狀況所苦。

研究數據顯示，大約15％的青少年屬於受同儕排擠的類型，換句話說，此類型的社交障礙源自於同儕團體有意的排擠。受排擠的原因很多，有可能是社會技巧不佳，也可能因為他們明顯與眾不同，或是貿然插入別人的交談，或暢談自己的興趣而無視他人感受。也有可能有情緒或行為問題，讓人覺得他衝動或缺乏節制。

其餘15%同樣為社交所苦的青少年，是在社交場合被忽略的一群。對這些青少年來說，社交障礙的型態是社交退縮與孤立，這樣的狀態多半會從青少年持續到成年階段。

社交上被忽視的青少年往往無聲無息，通常沒有同儕注意到他們，甚至連老師也常沒有注意到他們。他們極少主動接近別人，更少在交談中發言，他們顯得既害羞又退縮。他們通常被形容為膽小或內向，有時甚至因此而產生憂鬱或焦慮。正因為太少與別人來往，他們不一定會有不好的名聲，這點和受同儕排擠的人有所不同。他們就像是被遺忘的人，總是靜悄悄的獨自一人，不打擾別人，讓人察覺不到他的存在。然而，像被排擠的青少年一樣，他們也渴望交友與維持友誼，只是這些期盼通常只是他們內心的小劇場，在真實生活中從不曾真正發生過。

▼尋找朋友來源是社交成功的關鍵

希望與他人建立友情，可以試著從下面兩個方向努力，一個是從興趣愛好出發，第二個是協助孩子創造他所需要的學習型團體。

①從興趣愛好出發

我們常誤以為只要有好的社會技巧就會擁有成功的社交生活，其實不然。要想有健康的社交生活，好的朋友來源也同樣重要。找到共同興趣的人是社會技巧之外的另一個重要關鍵。

②在了解孩子的處境與需求下創造學習團體

先觀察孩子的特質與需求，了解孩子身處的情境，協助孩子對所處社交情境的覺察，理解正在發生的社會性互動，尋找一群適合的同伴來源。

▼認識社交樣貌有助於協助孩子建立人際關係

我們可以將社交互動的對象依據親疏遠近加以分層，這樣的分類讓我們能更清楚的理解自己現在的社交樣貌，也讓我們知道可以在哪些方面努力。

最內層：層級最小的同儕關係，稱為小圈圈。小圈圈最典型的是一群很親近的朋友，通常是最要好的朋友（the best friend）。

中間層：同儕關係的中間層級是社交群體。社交群體通常包括數十位年齡相近的人，或是彼此有些共同的興趣，這類社交群體通常有一個名稱或代號來定義他們共同的興趣。研究顯示，許多社交上被接納的青少年歸屬於一個以上的社交群體，他們悠遊於不同的群體，並在這些社交群體中找到最好的朋友。

最外層：最大層級的同儕關係是大同儕團體。這個團體由相同年紀的青少年組成。對青少年而言，大團體可能包含學校裡面的同班同學或所有學生。

最佳友誼與小圈圈通常從社交群體發展而來，這可能因為友誼是建立在共同興趣的基礎之上，而共同興趣正是社交群體的核心所在。興趣嗜好相同的社交群體不只是找到朋友來源的關鍵，也能保護個人免於遭受霸凌或成為受害者。

記得，**友誼是一種選擇**！友誼是一種選擇！友誼是一種選擇！因為很重要，所以說三次。我們不需要和所有人做朋友，也不是每個人都必須和我們做朋友。我們想和某個人做朋友，不表示我們必定能如願，而某人想和我們做朋友，也不表示我們一定得配合。

▼社交技巧之外，影響人際互動的重要能力

影響人際互動的因素很多，社會技巧只是其中一環，自理能力、執行功能、情緒調節能力……等等。都對與他和人互動有重要的影響，與前面提到的容易影響人際關係的表現互為表裡。

①自理能力：缺乏自理能力的孩子生活常常會一團亂，多半衛生習慣也不佳，簡單的說，就是給人第一印象不好，還沒開始互動就已經先被對方扣分了。維持整潔，培養照顧好自己的能力，這是與人交往的基礎。

②執行功能：所謂的執行功能就是指一個人計畫、組織和執行的能力。為什麼執行功能是交朋友的重要技能呢？因為執行功能差的人，通常生活沒有秩序，與別人約時間也容易搞錯，遲到爽約是家常便飯。這些狀況都是與人建立關係的障礙。

③情緒調節：沒有好的情緒調節能力，就很容易在與人互動時暴走。沒有人喜歡和情緒不穩定的人相處，不僅心累，還壓力很大。缺乏好的情緒調節能力對人際關係是一大阻礙。

④溝通表達：能不能聽懂別人說話，理解對方在想什麼，同時還要讓對方理解自己的想法，無論是理解別人或是讓對方理解自己，都需要良好的溝通表達能力。在與他人互動時能做到耐心的傾聽他人，同時用適當的方式讓對方理解自己，才能與他人建立正向關係。

⑤禮貌禮節：沒有禮貌、不懂禮節的人多半容易讓人討厭，在和這樣的人相處時，容易感受到不舒服甚至感到被冒犯。聚會中有這樣的人，很容易讓氣氛變差，讓場面變得尷尬。這樣的人會被別人在心裡記上一筆，很有可能就變成拒絕往來戶了。

⑥道德品格：沒有道德品格的人不容易被他人信任，相處時總是被他人提防，很難與人建立深度的互信關係。簡單的說，很多人交朋友看的不是能力，而是人品。

⑦壓力調適：缺乏壓力調適的能力容易讓一個人在與他人互動時顯得緊張，這樣的狀態很容易影響到與他互動的對象。過度把壓力傾倒給他人也可能讓對方刻意疏遠，因為交朋友應該是件輕鬆的事，不要把任何人都當作自己的垃圾桶。

⑧環境覺知：覺知能力是社交的基礎，能夠察覺環境當中的訊息，了解互動

對象的狀態是重要的。察言觀色的能力是與人交流的核心技術，知道互動對象的好惡，透過觀察，掌握對方的近況與心情，所謂知己知彼，百戰百勝，缺乏這項能力，很多時候得罪人了都還不知道。

⑨犧牲奉獻：在人際互動中，不要只想著贏和佔便宜。能夠為他人多付出一點，就容易討人喜歡。沒有人喜歡跟自私的人交往，只顧自己而不考慮別人的人，通常不容易與他人建立穩定的關係。

⑩練習獨處：不要做什麼都想著要跟別人一起，很多事情是可以自己一個人完成的。過度依賴他人的人也容易讓人反感，會讓人覺得這個人能力太差，不能信任，當這樣的概念在他人心中成形時，要建立關係往往就變得更不容易。

曲老師 路上觀察筆記

許多大人會執著於要讓孩子擁有良好的社會技巧，因為大多數的人認為，社會技巧是擁有良好人際關係的關鍵。但我認為過度追求社會技巧訓練意義不大，而且人的社會性互動需求也不難被滿足。大人很容易忘記自己是怎麼長大的，我們對於人際關係的需求往往比自己預期來得低，是的，**我們是需要歸屬，需要被接納，但這些往往不是因為有好的社會技巧就能擁有的。**

我常和孩子分享，我們不用很會交朋友，但我們要練習做到不被別人討厭，不造成別人的困擾，這些是與他人建立關係的第一步。身邊就有不少孩子人際關係受影響是因為他的衛生習慣不佳，總是不洗頭，座位也一團亂，抽屜常有吃剩的東西。這樣的孩子，即便有再好的社會技巧，要贏得人際關係也非常困難。

06

常見的人際互動情境練習

以下有十個常見的社會性互動情境，可以試著問問自己，面對這樣的社會性互動情境，自己會怎麼因應。爸爸媽媽和老師們也可以試著就這些問題跟孩子們討論，陪伴他們一起練習。

▼問題一：想要和別人交朋友

要和別人交朋友前必須**先把自己準備好**，就像前面提到的，好的自理能力、執行功能、溝通表達、情緒調節和壓力調適等等都是基本功。尋找合適的交友對象也很關鍵，通常這樣的人比較容易出現在自己的興趣團體中。

想要和別人交朋友，主動積極的行動是必要的；保持禮貌和禮節主動和對方攀談，互動中觀察對方的反應，是不是有意願持續和你對話交流，還是他對於你的發言興趣缺缺，這樣的環境覺知能力是必要的。

如果對方不想或是現在不想和你互動，那就要適可而止。友情是勉強不來的，而且現在沒辦法當朋友，不代表永遠都沒辦法當朋友。被這個人拒絕，也不代表就會再被下一個人拒絕，交友不要死纏爛打，強摘的果實不甜。

▼問題二：如果有人不喜歡我

人有百百種，有的人合得來，有的人不對盤，被別人討厭是正常的，我們不可能讓所有人都喜歡自己，這是不現實的期待。遇到有人不喜歡自己，可以試著了解原因，因為這是讓我們變得更好的機會，如果真的是自己有需要改善的地方，那就試著改變自己。當然，如果別人的不喜歡沒有任何根據，只是單憑他自己的喜好，那麼不要跟這樣的人互動也罷。

面對人際互動，需要實事求是，不要為了交朋友拋棄原本的自己，**真正的朋友喜歡的是原本的那個你。**

▼問題三：遭遇霸凌該怎麼辦

霸凌的形式很多元，包含言語、肢體和關係。所謂的霸凌有兩個重要的因素，第一就是對方是惡意的，第二是持續一段時間而非單一事件。遇到霸凌絕對要趕緊求助，不要讓自己處在這樣的狀態，因為這對身心都非常煎熬。

我們的法律規定，知道霸凌事件的人要在二十四小時之內完成相關通報程序，之所有會有這樣的要求，就是因為立法者知道霸凌的嚴重性。如果你正處於被霸凌的狀態，趕緊讓身邊的人知道吧！

▼問題四：需要合作完成任務

無論在學習或是工作上，很多時候都需要與他人合作。在與他人合作時一定要在一開始就和對方表明自己的狀態，自己擅長什麼？自己不擅長什麼？同時也要讓對方知道自己習慣的工作狀態，同時試著了解對方的習慣。

合作是互相的，合作是彼此遷就對方的，合作的形式很多元，端看合作對象彼此的共識，而溝通協調是有效合作的關鍵。不要忘記，只要是合作，追求的就是大家共好，不是你好，我好，而是我們都好。

▼問題五：不知道該怎麼拒絕

很多人很難拒絕他人的請求，甚至不知道該怎麼拒絕。面對他人的請求，我們需要先評估是否合情理，這件事情是否在自己能力範圍內。

無論拒絕與否，真誠向對方表達自己的狀態是重要的，真正的朋友不會因為你拒絕他而離開你，反之，如果有人因為你的拒絕而疏遠你，或是跟你斷絕關係，這就不是真朋友。

▼問題六：聽到有人說我壞話

沒有人喜歡被別人批評，面對有人在團體中批評自己感受一定是不好的。面對這樣的情境，要實事求是，先釐清對方說的是否屬實。如果你也覺得對方說得有道理，那就花時間改變自己；如果對方說的不是事實，也不用花時間去解釋，因為這樣只會激怒對方。**相信你的人不需要解釋，不相信你的人解釋再多也沒有用。**

▼問題七：網路工具是雙面刃

網際網路已經成為現代人交友互動的重要工具，透過網路可以連結到許多不同場域的人，這些人可能因為有著共同興趣在網路上成立社群。網路的使用是需要學習的，像是個資保密、網路上互動的禮儀……等。

水能載舟，亦能覆舟，能連結到不同的群體，建立屬於自己的人際關係，也可能因此得罪別人，被別人在網路上攻擊。網路是雙面刃，是每一個現代人的必修課。

▼問題八：有人把秘密告訴我

別人把事情告訴你時，切記，不要隨意轉述別人告訴你的事情。我常和學生分享，你把秘密告訴一群人中的其中一個，就要假設全部人都會知道這個秘密。

所以當有好朋友想要把自己的秘密告訴你時，你就只有兩個選擇：第一、不要聽；第二、當作沒聽到秘密。

▼問題九：朋友生日我可以做什麼

生日是最好表示祝福的日子，朋友的生日尤其重要。可以練習問問自己，你知道你的朋友生日是幾月幾號嗎？如果你能記得朋友的生日，你可以在這個重要的日子安排驚喜給他。

當你把對方放在心上，你們的關係就有機會持續拉近。試著把朋友的生日記下來，平時相處時默默觀察朋友的喜好，在重要的時刻適時的表示。

▼問題十：有人惹我生氣怎麼辦

這個時候是人際互動的關鍵時刻。前面的篇章提到，情緒調節能力是影響人際關係的重要能力，如果有人惹怒了你，你心裡要想著，「他在給我機會，他在給我展現自己情緒調節能力的機會」。當其他人知道，你生氣時仍然可以平靜而不受情緒影響的處理問題，就會對你刮目相看。所以，不要因為別人惹你生氣就失態，反而要利用這個時刻拉近彼此的距離，讓壞事變好事。

兩個青少年第一次相遇時已經大打過一架，當時介入處理後，他們的關係修復，後來變成每次相遇就混在一起的夥伴。

這次營隊活動一開始，兩個人像兩個老朋友一樣膩在一起。營隊最後一天，老師帶領大家進行團體任務，他倆兄弟在旁邊打混摸魚，不知道是怎麼觸發了彼此的情緒，兩個人開始互相攻擊對方，並且口出惡言。

所幸旁邊的老師及時制止，沒有釀成更大一波衝突，不過，當下兩個人都非常憤怒，情緒強度仍然持續在飆升。

我跟他們說：「好啊！要決鬥，我們去球場！」

另一個孩子在老師的協助下跟著我一起移動。會想要換場，一方面是爭取時間讓雙方有機會冷靜，另一方面也讓當事人迴避掉眾人的目光，降低心理壓力，也可以避免其他人被這樣強烈的情緒行為波及。

到了一個全場的籃球場後，我帶兩個人到中線，一人站一邊，我跟兩個孩子們說：「好！如果要打，我們就來見證！請老師幫忙開始錄影存證，不然到時候誰身上有傷也說不清楚是怎麼發生的……」

兩個青少年仍然情緒相當激動，嘴巴唸唸有詞，飆罵對方三字經。

過了幾分鐘，看起來他們沒有要打了，我和他們兩個說：「不然你們先說說看剛剛的衝突是怎麼發生的？現在我們可以怎麼解決這個問題？」

兩個孩子試圖還原剛剛的現場，原來就是一點小事：兩個人玩在一起，打打鬧鬧，後來假戲真做就上火了！

講著講著，其中一個孩子情緒又上來了，因為其中一方覺得事情沒有那麼嚴重，想要趕緊結束這個對話，就問對方說：「你是還要哭多久？」

當下，我能感受到在啜泣孩子的傷心，於是說道：「他還需要時間，這件事對他來說還沒結束。」

孩子繼續哭，不過從他的話語可以知道，他的情緒來源已經從衝突事件轉移到對自己究責。

他邊哭邊說自己對不起媽媽，為什麼自己那麼沒用，控制不住自己的情緒，怎麼會出手傷人，覺得媽媽不應該那麼愛自己，他讓媽媽失望了……。

我和他說：「人都會犯錯，我們一起面對。而且這件事情並沒有嚴重到媽媽需要知道的程度，你們兩個人說好就好了，因為沒有人受傷，就是一個情緒比較激動的事件。」

孩子說：「可是旁邊老師一直在錄影。」

我示意老師停止錄影，「錄影是老師一開始以為你們要決鬥，如果沒有要打了，其實也沒有錄影的必要。」

看到手機停止錄影後，孩子的情緒有稍微緩和。這時候，旁邊那個希望討論趕快結束的孩子說：「你那麼愛你媽媽，怎麼還跟我抱怨說你媽媽生氣的時候會打你。」

（我們很多孩子真的很不會說話……）

這個時候才剛緩和的情緒瞬間又被挑起……又開始爆哭和飆罵，好像剛剛的一切努力回到了原點似的。

我立馬對著說這句話的孩子說：「你這樣不行啦！他把你當朋友才告訴你，你這樣把它說出來……」

爆哭的孩子當下又陷入自責的輪迴，邊哭邊說：「我媽媽會打我又怎樣！她還是對我很好，我很愛我的家，怎麼樣啦！你才沒媽媽啦……」

我試著緩和氣氛說：「他有媽媽，我看過，而且他媽媽也對他很好，很愛他。」

其實，當他知道我沒有要找媽媽處理這件事時，他的情緒強度就慢慢降下來了，如果沒有人幫了倒忙，事件應該能更快的落幕。

後來，我讓兩個孩子談心，我退出球場中間的圈圈，示意協助的老師可以先離開。

我和他們倆說：「剛剛跟著隊伍進行任務就沒事了！什麼時間就做什麼事，這個衝突也不會發生，這是剛剛你們打混時我勸你們回到隊伍的原因。」

想趕快結束談話的孩子遞出衛生紙給對方擦眼淚，我們三個人慢慢的離開球場，回到隊伍中，好像什麼事也沒發生一樣。

〈結語〉

耐心陪伴孩子培養社會性互動能力

少子化、一胎化的家庭環境，讓孩子在出生後的人際互動刺激相較於以往減少，這樣的量變使得許多孩子在成長過程中缺乏練習與他人互動的機會。而網路化、線上化的社交情境也讓人與人的相處產生質變，社會性互動的樣態已經不像上個世代那樣。很多人認為，社會化是一種自然而然的過程，這個說話一半對，一半不對，應該說，社會化沒有一個絕對的標準，社會化存在著變動性，因為我們的社會也不停在改變。過去理所當然的事情，現在可能不見得是這樣，未來的世界會如何，其實也沒有人說得準。

不過，有些核心、基本的能力與目標仍然具有普世的價值，像是年幼的孩子能否與主要照顧者建立親密的依附關係很重要。成長的過程中，能與他人建立穩定的人際關係；人生中有能力獨處但不陷入孤獨，滿意自己的社交生活，免於人際關係的困擾。這些看似平常的願望，其實並沒有那麼容易。

書寫《不讓你孤獨》這本書的過程，讓我有機會梳理這些年來身邊孩子們的生命經驗，重新看見這些孩子的苦痛與困境。而我也相信他們並不是少數，此時此刻，仍然有許多孩子正在掙扎，他們就在你我身邊。

每當我看見殘忍的社會新聞，我都會不由自主地思考這個加害者的童年、家庭環境、學校環境，身邊的這些大人曾經做了什麼？成長過程中有沒有教育他們？有沒有給過他們機會？有沒有善待他們？而我們的社會有沒有意識到這些人的存在？我知道這個題目很複雜，但我希望這本書能喚起更多人對於社會性互動議題的重視，在孩子成長的過程中能更有耐心的陪伴他們建立這些能力。

社會性互動與溝通能力是一門複雜的課題，也沒有絕對的標準，面對的人不同、面對的環境不同，需要的反應也有所不同。《不讓你孤獨》這本書讓我們重新審視自己的生命狀態和與他人的關係，在陪伴孩子成長的過程中知道應該把握的重點和方向。

這本書不是要告訴大家我有多麼會處理人際關係，我有多麼厲害的社會技巧。其實，我清楚地知道自己不是一個善於社交的人，但我在乎身邊的人，希望能和他人建立和諧穩定的關係，我也能明確感受到這些關係對自己生活品質的影響，沒有處理好與他人的關係會影響我的心情，所以我願意花時間學習，在與他人每一次的互動中練習。沒有人是完美的，成長型的思維讓我知道，只要我在意，我想要變好，願意持續努力學習和練習，就有機會持續進步與突破，直到現在，我也還在一直努力著。

國家圖書館出版品預行編目資料

不讓你孤獨：接住每一個孩子,避免孤立與霸凌,培養正向的人際關係/曲智鑛著. -- 初版. -- 臺北市：商周出版：英屬蓋曼群島商家庭傳媒股份有限公司城邦分公司發行, 2023.09
面；　公分. -- (商周教育館；68)

ISBN 978-626-318-849-5(平裝)

1.CST:人際關係 2.CST: 溝通技巧 3.CST: 親職教育

177.3　　　112014341

線上版讀者回函卡

商周教育館 68

不讓你孤獨——接住每一個孩子，避免孤立與霸凌，培養正向的人際關係

作　　者／曲智鑛
企劃選書／黃靖卉
責任編輯／黃靖卉

版　　權／吳亭儀、江欣瑜
行銷業務／周佑潔、賴正祐、賴玉嵐
總 編 輯／黃靖卉
總 經 理／彭之琬
事業群總經理／黃淑貞
發 行 人／何飛鵬
法律顧問／元禾法律事務所 王子文律師
出　　版／商周出版
臺北市104民生東路二段141號9樓
電話：(02) 25007008　傳真：(02)25007759
blog: http://bwp25007008.pixnet.net/blog
E-mail：bwp.service@cite.com.tw
發　　行／英屬蓋曼群島商家庭傳媒股份有限公司城邦分公司
臺北市中山區民生東路二段141號2樓
書虫客服服務專線：02-25007718；25007719
24小時傳真專線：02-25001990；25001991
服務時間：週一至週五上午09:30-12:00；下午13:30-17:00
劃撥帳號：19863813；戶名：書虫股份有限公司
讀者服務信箱：service@readingclub.com.tw
城邦讀書花園 www.cite.com.tw
香港發行所／城邦（香港）出版集團
香港灣仔駱克道193號東超商業中心1樓_E-mail : hkcite@biznetvigator.com
電話：(852) 25086231　傳真：(852) 25789337
馬新發行所／城邦（馬新）出版集團【Cite (M) Sdn Bhd】
41, Jalan Radin Anum, Bandar Baru Sri Petaling, 57000 Kuala Lumpur, Malaysia.
電話：(603) 90563833　傳真：(603) 90576622　Email：services@cite.my

封面設計／林曉涵
排版設計／林曉涵
封面圖片／Ringo Hsu
印　　刷／中原造像股份有限公司
經 銷 商／聯合發行股份有限公司
新北市231新店區寶橋路235巷6弄6號2樓電話：(02) 29178022　傳真：(02) 29110053

■2023年10月3日初版一刷　　Printed in Taiwan
定價360元

城邦讀書花園
www.cite.com.tw